HOW TO BE A
MIDDLE MANAGER

中层经理怎样当

薛灿宏◎著

执掌团队篇

经济日报出版社

目 录

5

CHAPTER

第五章　团队激励的手段有多少？ /121

6

CHAPTER

第六章　团队文化有什么用？ /151

CHAPTER 1

第一章

团队领导要知人善任

《西游记》大家都很熟悉，里面有一支很不错的团队，就是以唐僧为首的取经团，唐僧就是唐总。这个团队有三个部门经理：孙悟空孙经理，猪八戒猪经理，沙和尚沙经理。应该说这个团队是不错的，在这个团队里，谁是英雄？大家马上就能想到，孙悟空是一个大英雄！孙悟空非常阳刚，七十二种变化，非常厉害。他是一个英雄！

但是在这个团队里，谁是领袖呢？当然是唐僧。我们的唐总是领袖，是不是？但唐总打架，打得过孙悟空吗？打得过猪八戒吗？恐怕连白龙马都打不过。论打架，他什么本事也没有，但在这个团队里大家服从谁？这就是英雄跟领袖之间的区别！

如何带出好队伍？

什么是团队管理？通俗地讲就是如何带出一支好队伍，带出一支能打仗的好队伍，带出一支拿得出、打得响的好队伍！如何带出一支好队伍呢？每个管理者都会有自己的一些想法。根据我对企业的了解，对中国企业的实际状况的调研，在当今的中国市场上，要想带出一支拿得出、打得响的好队伍，主要应该解决好五个方面的问题，通俗地讲就是克服五大障碍。

团队管理的五大障碍

第一个障碍是缺乏知人之明和驭人之术

过去有一句话叫“兵熊熊一个，将熊熊一窝”或者“强将手下无弱兵”。一个领导做得好，后面的队伍就过硬！如果一支队伍不行，我想它的领导难辞其咎。什么原因都不要找，什么话都不要讲，首先问问自己，你这个领导有没有问题。

关于团队领导的问题，我认为主要应解决两件事情：

第一件事是知人之明。也就是说你要了解人，要懂得人是怎么一回事，知道什么人能够到你的队伍里来，什么人不能到你的队伍里来。

第二件事是驭人之术。也就是说你要能够驾驭下属。人是最复杂的一种动物，他的想法非常多，各种各样的人在不同的阶段会有不同的想法。所以说，在管理上没有一劳永逸的谋略，必须与时俱进！原来很忠诚的人到一家企业工作时间长了以后，可能会逐步变得不忠诚；原来大公无私的一个人可能做着做着就变得有一点贪婪；原来积极性很高的人做着做着可能积极性就没有了。不懂驭人之术是不行的。所以我们要解决的第一个问题就是有知人之明和懂得驭人之术。

第二个障碍是不懂得规矩的产生要有技巧

做事要讲究规矩。究竟规矩是怎么一回事呢？在实际工作当中，经常会有一些感慨：老总说下面的人太没有用、太没有本事、太不讲规矩，而下面的人认为领导太霸道、太专制。这里就有一个规矩的问题，即规矩的认同。老总定出的规矩，员工认不认同？老总认同的规矩，有没有讲给员工听？部门经理认同的规矩，有没有讲给员工听，员工理不理解？究竟需要什么样的规矩，我们要向大家说清楚。

第三个障碍是不懂得团队发展还需要有冲突

就是说我们内部也要有互相的斗争。不要简单地认为冲突只是一件坏事，一个优秀的团队不可能没有冲突。一个发展中的政权也好，组织也好，不可能没有冲突。没有冲突不是一潭死水吗？没有冲突，这个团队还有什么希望？必须要有冲突！但是冲突究竟是什么类型，什么样的冲突我们要，什么样的冲突我们不要，这是必须搞清楚的。你和领导之间有冲突，你和你的下级之间有冲突，你和其他的部门经理之间有冲突，这些对上冲突、对下冲突、左右冲突，我们要搞清楚究竟应该是一种什么性质的冲突，应该怎么处理。

第四个障碍是不懂得领导和管理属于不同的境界

我们说，团队领导和管理，最大的不同是什么？管理的本质是围绕事情来做的，把事情做好，将目标实现，这就是管理！而领导是什么？领导的对象是人，领导是让你的员工自觉自愿地把事情做好，而管理做不到这一点。所以说既然做领导，就要谈到激励这个问题。那么激励是不是要钱？对！我个人认为，在当今的世道，在当前的市场条件下，不谈钱往往是不行的。但是薪水激励只是一种有效的激励手段，它不是唯一的激励手段。

第五个障碍是不懂得团队文化有什么用

这两年很多企业都在谈文化，大谈特谈。企业文化很流行。我个人认为，现在我们所谓的一些专家也好，教授也好，谈企业文化的时候，谈得过于深奥，过于悬乎。其实企业文化没有那么复杂。每个企业其实都有自己的企业文化，就是已有的好作风、好传统。只不过我们要有意识地把它归纳总结，有意识地形成自己独有的、有特点的企业文化。这就是团队文化建设的问题。薪水再高，永远解决不了管理上的全部问题。

我经常讲，一个企业 3 年做得好，可能跟运气有关；5 年做得好，大多是它的老板有本事；10 年做得好，说明它的规章制度算不错的了；20 年做得好，肯定跟企业文化有关系！尽管你问他，你们的企业有什么样的文化？他可能说我们企业没有文化。没有文化就是一种文化，每个企业都有自己的文化。

以上就是我们要谈的团队管理的五大障碍，下面我们展开阐述。

管理者要有知人之明

首先我们看第一个障碍。团队领导怎么当？首先要有知人之明。

管理者：做英雄还是做领袖

第一个问题：做英雄还是做领袖。有的人可能讲：“英雄是一个好东西，领袖也是一个好东西，谁不想做英雄或领袖呢？但英雄和领袖之间有什么关系，是不是我做了英雄就不能做领袖呢？”我们谈知人之明，谈带队伍，谈的就是这个问题，就是这个意思。你做了英雄就不要做领袖，你想做领袖就不要做英雄。

这话怎么讲？《西游记》大家都很熟悉，里面有一个很不错的团队，是以唐僧为首的取经团，唐僧就是唐总。他手下有三个部门经理：孙悟空孙经理，猪八戒猪经理，沙和尚沙经理。应该说这个团队是不错的，在这个团队里，谁是英雄？大家马上就能想到，孙悟空是一个大英雄！

孙悟空非常阳刚，七十二种变化，非常厉害。他是一个英雄！

但是在这个团队里面，谁是领袖呢？当然是唐僧。我们的唐总是领袖，是不是？但唐总打架，打得过孙悟空吗？打得过猪八戒吗？恐怕连白龙马都打不过。论打架，他什么本事也没有，但在这个团队里大家服从谁？这就是英雄跟领袖之间的区别！

在中国历史上，有很多皇帝也是这样的。比如刘备，他打得过张飞吗，打得过关羽吗？都打不过！但是毋庸讳言他是领袖，不是英雄。还有汉高祖刘邦，这个人很有意思，40岁之前一事无成，在家里游手好闲，是个地痞流氓，啥正事也不干，好吃懒做。家里的生活怎么维持下去？主要是靠他的老婆，吕雉种了几亩地，一家人的日子才过得下去。刘邦在秦朝末年最大的官职是做到了亭长的位置。亭长是个什么官？用我们现在的话讲，是居委会主任，或者说是村主任。这个居委会主任、村主任在秦朝末年的时候还是不领薪水的。这是他最大的成就。论文，我们唯一找得到刘邦留下的文字无非那几句话“大风起兮云飞扬，威加海内兮归故乡，安得猛士兮守四方”。有气魄，可确实没有什么文采。谈武功，刘邦会武功吗？也不会。但是他到最后居然成了大汉天子！我们现在所讲的汉字、汉族、汉语等概念都是因为中国的汉朝才形成的，你能说汉朝的创立者不是一个大大的领袖？

我们再来看，刘邦这样一个似乎没有什么本事的人做了皇帝，而跟他争夺江山的，也就是他的竞争对手是谁呢？项羽。项羽不得了，“力拔山兮气盖世”，天下第一号大英雄！我到江苏宿迁去讲课，一进城就看到一座雕塑，一个大汉举着一只大鼎。谁啊？项羽。这个人不得了！在当时的情况下，全天下单打独斗没有一个人是项羽的对手。项羽非常厉害，而且年龄上很有优势。刘邦起兵时 40 多岁，做皇帝的时候已经 55 岁了；垓下之战，项羽乌江自刎时才 31 岁。也就是说，他们开打的时候，一个是二十七八岁的壮小伙子，血气方刚，一个是年近半百的小老头。就这么两个人在打，居然屁本事没有的人成了皇帝，有一身本事的人却兵败自杀。为什么会这样？我们要检讨这个问题。刘邦他自己也讲：带兵打仗，我不如韩信；搬运粮草，安抚百姓，我不如萧何；运筹帷幄，决胜千里之外，我不如张良。我把这三个人用好了，所以我做皇帝了。这是刘邦自己讲的。

其实我们作为管理者，就要研究历史上的这些问题。尤其是从带队伍、管理人的角度看，也是很有意思的。刘邦为什么能够打败项羽？项羽要检讨哪些东西？我们发现很多有意思的东西。帮助刘邦打天下的，不仅仅是萧何、韩信、张良，还有很多人，比如陈平、英布，还有彭越。我们会发现一个问题：帮助刘邦打败项羽的人中，有相当多原来在项羽手下干过，除了萧何、曹参、樊哙几个刘邦的同乡。萧何原来是沛县的县尉，相当于沛县的人事部部长，和刘邦一起闹事，一起造反。他一直忠心耿耿地跟着刘邦，他才是刘邦最早带过来的真正的亲信。但是除了萧何几个之外，张良当时是天下第一谋士，原来和项羽在一起探讨兵法，出谋划策：我们人多的时候，该怎么打；我们在山上，敌人在山下，地形有利时，我们怎么打。张良讲治国安邦之策，也是很厉害的。但是项羽有眼不识泰山，看不到张良的价值。张良后来七撞八撞，不知怎么撞到刘邦那儿去了。

而刘邦有一个优点，来的不管是牛鬼蛇神，还是乌龟王八，或是阿猫阿狗，他都见，见了以后，他还有知人之明。他一看你肚子里有两滴墨水，有两把刷子，就会想办法留你，有本事把你留下来。张良就是这样撞过去的。

再看韩信，他是天下第一军事家，打仗没人打得过他。韩信原来在哪儿呢？在项羽手下。项羽还真是有眼不识金镶玉，居然让韩信做了一个门前侍卫，扛着把刀在大帐前傻站着。他在项羽手下很憋屈，看没有混头了，跑到刘邦那儿去了。后来上演了萧何月下追韩信的故事，又是拜大将军，又是封齐王，实现了个人的抱负。如果没有韩信，刘邦能够打败项羽吗？不可能！刘邦跟项羽总共打了六仗，前面五仗都是败得一塌糊涂，到最后一仗才打赢了，就是垓下之战。最后一仗是谁打的？韩信。没有韩信，刘邦是不可能做皇帝的。可韩信是从项羽那边跑过来的。

还有一个谋士叫陈平。当时除了张良是第一谋士，第二就要数到陈平了。陈平怎么来的？他也是在项羽手下当差的，跑到刘邦这边来了。还有一些大将，比如英布，他作战非常勇猛。论打仗，除了韩信，接下来恐怕就是英布了。英布原来在哪儿？也是在项羽手下的，也跑到刘邦这儿来了。还有一些其他人。看来看去，帮助刘邦打天下，打败项羽的人不是刘邦培养起来的，而是项羽的部下。这就有意思了，项羽成了人才培训中心的主任！自己辛辛苦苦培养的人，送给对方来打自己。连项羽的亲戚项伯在鸿门宴上也帮助刘邦。

这就有一个问题，你做英雄还是做领袖？项羽就是英雄，肯定是英雄，到现在还有很多人同情他。但是从做管理的角度上来讲，项羽太失败了，非常失败！他根本是咎由自取，自食恶果，不值得同情。

我们首先要明白做英雄和做领袖的区别，要有一种做领袖的意识。要做领袖，就要有本事把下面的人弄起来，把天下有本事的人都召集到麾下来。

各位读者，可能有的是总经理，有的是部门经理，这个道理是一样的。你做总经理，要把下面的部门经理弄起来；你是部门经理，哪怕只有三五个人，也要逐步培养自己的领袖意识。虽然说只有三五个人，但也要将这几个人调理得非常顺，充分发挥他们的积极性。

知人之明的第一个条件，就是要有领袖意识。要知道这一点：要用人，而不是单打独斗。单打独斗只能做英雄，做不了领袖。领袖的作用是用人，而不是用自己。

我无用，
吴用才有用……
还是哥哥会用人……
宋江
吴用

人分三六九等

是不是天下所有的人到我这儿来就照单全收？不管你是谁，来了我都要呢？这里又有问题了。一个团队不是什么人都可以来的。

尽管有的书上或有的理论讲：“团队里角色要分工，性格要互补，什么样的人都应该有。”这个说法是不错。但并不是说什么人都可以到这个团队里来。角色是有不同，性格是要互补，但绝不是什么人都可以来。这个要搞清楚，你如果搞不清楚，后患无穷！是人就要分三六九等，而三六九等中什么人都有，不是哪个人都可以到你的团队里来的。

我们看曹操，他在中国历史上是一个很伟大的政治家、军事家、谋略家，对人才的态度也是开天辟地的。在他就任期间，搞了三道唯才是举，很厉害的。曹操对人才非常尊重，只要是人才他都要。你看他对人才的渴望，那种精神值得很多管理者学习。

比如他对关羽，从他看到关羽的第一天起，就知道那是个了不得的人才，一定要把关羽收到自己的帐下来。但是关羽已经跟刘备、张飞结拜做弟兄了，不愿意。曹操很有心机，他说我不着急，我用我的计谋把你拉过来。曹操想了很多办法，说了很多好话，关羽就是不听。

终于有一次，曹操自认为逮到机会了。逮到什么机会呢？那时候吕布把刘备打得落花流水，跑得没有地方躲，队伍被冲垮了，找不见了。关羽只跟着刘备的两个老婆，也就是他的两个嫂嫂在一起。为保护好两个嫂嫂，关羽看没有路可以走了，算了，投奔曹操去吧。曹操一看，关羽来了，居然还带着刘备的两个老婆！好。好吃，好喝，好招待，欢迎。没问题的，曹操肚量大，周公吐哺，天下归心，来的什么人物他都要。

好吃，好喝，好招待以后，晚上要休息了，要睡觉了，曹操跟关羽讲："老弟，吃喝没有问题，但是睡觉有点问题。有什么问题呢？我们这儿房子紧张，人多，没有那么多房子住。现在你们三个人，我只能腾出一间房子来给你们，你们就将就将就吧。"

曹操打的什么主意呢？我就一间房子，你们三个人住，我不相信你们不睡觉。关羽正值壮年，正是血气方刚的时候，而刘备的两个老婆长得也不错，三个人睡在一间屋子里，不信玩不出花样。曹操派人在旁边盯着，看关羽进不进去。只要进去了，裤裆里掉泥巴，不是屎也是屎！

谁知道关羽一根筋，他把两个嫂嫂送进去，自己不进去，点根蜡烛抱着本《春秋》在外面上自习，就是不进去。多长时间？几天几晚不知道，反正关羽就是不进那间房子。

曹操的想法是只要关羽一进去，就浑身长嘴也说不清了，总有一天刘备会知道。刘备知道了，弟兄还不反目？你居然跟我的两个老婆在一起了！你还能做出什么好事？你说没有，谁相信？鬼才相信！他们肯定会闹翻。只要闹翻，关羽不到曹操这边来，到哪边去？偏偏关羽就是憨，不解风情。我们说解风情的是好男人，不解风情的更是好男人。结果这个计谋没有得逞。可见曹操招揽人才也是不择手段。

曹操对徐庶也是。徐庶是一个大谋士，他想把徐庶搞过来，也没有办法。怎么搞呢？他想出了一个下三滥的手段，把徐庶的老母亲“请”到军营里来了，好吃，好喝，好招待。曹操跟徐庶的母亲，七老八十的一个老太太讲：“你的儿子很有本事，我对你也不薄。现在天下这么乱，总有一个人要出头。我们国家要统一，我不来做这件事情，谁来做？叫你的儿子到我这边来吧！”他叫老太太给徐庶写一封信，让他到曹操这边来做事情。但是老太太不同意。徐老太太也有知人之明，她认为曹操是一个奸臣，明为汉相，实为汉贼。她认定刘备是个好人，所以她不写。

曹操一看实在没有办法，时间长了怎么弄？不知道是他下面的人，还是他自己，想了一个馊主意：我们模仿老太太的笔迹给徐庶写封信，不就行了？他们就模仿老太太的笔迹写了封信给徐庶。徐庶那个时候还在刘备那儿，一接到信，哭得眼泪哗哗的。他是个孝子，看到母亲这样子，肯定要去了。徐庶跟刘备分别之前还推荐了两个人，一个卧龙、一个凤雏，然后跑到曹操那儿去了。

但是徐庶进了曹营一言不发，这我们大家都知道。他为什么一言不发？“我来是来了，但我是看我妈妈来了。你要我为你出谋划策，绝不可能！你想让我领你一份薪水，为你办差事，那不现实。”

徐老太太一看儿子来了，问：“你怎么来了？”“我接到你的信，我就来了。”徐老太太骂：“混账东西，这封信是我写的吗？你不仔细看清楚，我怎么可能写信呢？”徐庶说：“我不知道不是你写的，反正我来了。”老太太骂自己的儿子：“混账东西，不知好歹，你在那儿做得挺好的，关心我干什么？你关心我，还做得了大事？”骂完就自杀了。她怕影响儿子的前程。

徐庶一看老太太死了，心也灰了。虽然人在曹操那儿，就是一言不发。我们可以看出曹操招揽人才真的是不择手段。虽然徐庶不为曹操出谋划策，也不再为刘备出谋划策了。

再说许攸。许攸原来是袁绍的谋士，因为跟袁绍闹了，也没有闹什么不愉快，但许攸看得出来，袁绍虽为四代三公，实际上做不了什么大事。他总感觉袁绍管理上有问题，回去跟老婆商量：袁绍好像成不了大事。他的老婆非常聪明，她说袁绍不会有什么出息，你还是赶快到曹操那儿去吧。许攸一听，好，那就去吧。许攸连夜投奔曹操。曹操一听许攸来了，光着脚，披头散发从床上爬起来，赶快出去迎接，拉着许攸的手说：你总算来了！听到一个人来了，曹操高兴成那副样子。许攸做了曹操的策划部长，策划了一个著名的战役，叫官渡之战。

还有陈霖，原来也是袁绍的手下，骂曹操骂得可厉害了，连祖宗三代都翻出来了。因为曹操的祖上是做宦官的，他就骂，一个宦官的儿子什么玩意。终于有一天曹操找到了陈霖，对他说：“你骂我就算了，你骂我爸爸，骂我爷爷干吗？我的祖宗八代得罪你了？我得罪你了，你骂我就行了。”言下之意是虽然你骂我的祖宗，但是我不跟你计较，我还是要用你的。关羽也好，徐庶也好，许攸也好，陈霖也好，对于这些人，曹操是很宽和也很能容忍的，因为这些人都是曹操梦寐以求的人才。

哪些有本事的人不可用？

但是，有一些有本事的人，曹操是不屑一顾的。哪些人呢？比如张松这一类人。他并不是对所有有本事的人都刮目相看。在这里我们提一个问题：哪些有本事的人不能用？

有点本事但居心不良，不可用（品行不端，吃里爬外）

看来看去这些历史上的故事，我感觉像张松这样的人就不能用，虽然有一点本事，但是居心不良。事实上曹操就没有用。

张松有本事，是才子。他看书一目十行，过目成诵，看完就能背下来，就这么大的本事！他是西川刘璋的手下，职务也不低，按照现在的行政级别，应该说是做到省政府副秘书长的位置了。当时西川的日子不太好过，曹操的势力很强大。刘璋对张松说：“你这样，代表咱们政府，代表我本人到曹操那儿去联络联络感情，以后跟曹操把关系搞好，让他不要打我。”

这是公差，是老板派遣下属的部门经理。“张松，你去办这件事情”，这很正常。

但是张松一肚子的坏水，刘璋派他去跟曹操搞好关系，他居然在去之前就认为现在的老板不灵，跟着他没有什么前途，所以想要飞走，投靠谁呢？投靠曹操。

怎么投靠曹操？先要带上见面礼。送一份什么样的见面礼呢？他专门画了一张西川地图，也就是西川的战略地图，标出哪里有山，哪里有水，这里放了多少兵，那里存了多少粮。这可是机密啊！如果敌人拿到这张图，还得了？这就相当于企业的技术配方，是非常非常核心的东西。张松带了这么一张图到曹操那儿去了。

他想干什么？他想把这张图当宝献给曹操，在曹操手下捞个一官半职。

张松到了曹操那儿，曹操派了一个人接待。谁呢？杨修。这也是个才子。曹操是这么想的：你是搞策划的，他也是搞策划的，都是才子，你们就对口接待吧。杨修见了张松，说我们主公写了一本书，你看看。他拿了一本书出来，是曹操刚写的，叫作《孟德新书》。张松拿过来一目十行地翻，翻完递给杨修，说这本书早有人写了，是抄的，几百年前就有古人写过这样的书。杨修听了，大吃一惊："不会吧？怎么可能有这样的事？这明明是我们曹丞相刚刚写的。"张松说："不相信，我背给你听！"张松就呱唧呱唧地把它全部背下来。杨修一看不得了：真是抄古人的了，还背得一字不差。事实上这是张松的本事。杨修就跟曹操汇报说："曹丞相，不得了了，你写的兵书跟古代的一本书撞车了，张松说你是抄人家的。"曹操也可爱，这时候他就不是奸雄了。他问："有这么一回事吗？"杨修说："是，张松背得一字不差。"曹操顺水推舟地说："我真的印象不深了，也许我看过这本书，自己写下来了。算了，既然跟古人撞车了，它还有什么意义留在世上？一把火把它烧了，一个字都不留。免得让人说我曹操欺世盗名。"

其实张松的心理比较阴暗，他是什么想法呢？他的想法是：我来了以后，曹操也不来见我，派了杨修来糊弄我。我给你见识见识我的本事。他就用了这么一个下三滥的手段，在那儿背那本书，硬说是抄的。实际上不是抄的。

这么一闹腾，曹操还真对张松产生了一点兴趣，想接见他了。我们说，张松是真有本事，一见到曹操，马上从古到今点评历史、人物，滔滔不绝，尽情地表演起来，以显示自己有经天纬地之才。大家可以想想，这么一个有本事的人说起话来滔滔不绝，指点江山，气势如虹，真把下面的人都听傻了，不敢相信天下竟有这般人才。

可曹操看他表演了这么半天，说："这样吧，好吃，好喝，好招待。你什么时候回去？我们大家送你回去吧！"就这么一句话，完了！

张松一听，心里凉了半截。我这么卖命地表演，一心想在你这儿混个一官半职，你居然就这样把我打发了。

各位想想，曹操是什么人。纵横江湖几十年，他什么人没有见过？一看张松这个样子，就知道他无法留在自己的队伍里。为什么这样讲？因为他指点江山，激扬文字的样子，一看就知道是个狂妄之徒，目空一切。他自以为读了几本书，有本事，实际上什么经验都没有，更要命的缺点是目空一切。

这样的人把他留下干什么？给他什么职位？放到策划部，他能把同事放在眼里吗？他能把部门经理放在眼里吗？他能把总经理放在眼里吗？谁也不入他的法眼。所以，这种人到单位来跟谁都相处不好，是不能到单位来的。他有本事，但是太狂妄，目空一切，人际关系肯定搞不好。这样的人到企业来，他起的作用不是零，不是正数，就是负数。

张松在曹操那儿热脸贴了冷屁股，回头时瞎撞，撞到刘备那儿去了。刘备是厚黑学的祖宗，逢人说人话，逢鬼说鬼话。他看到张松以后，有本事跟张松拍肩膀、喝酒，问张松怎么样，在刘璋那儿如何，工资拿多少。哎哟，太少了！房子住多大？哎哟，太小了！年终奖给了多少，到位了没有！这些话肯定会讲。刘备就这么三讲两讲，张松被糊弄住了，刘备对我多好啊！刚刚在曹操那儿，曹操不认我，在刘璋那儿混得也不行，跟刘备才喝了两杯酒，他跟我说了那么多掏心窝子的话。还是刘备好。这样吧，我也没有什么东西送给你，只有这么一张图，你拿去吧。张松就这样把地图送给人家了。后来刘备打刘璋的时候，这张图发挥了很大的作用。张松是居心不良，吃里爬外！

天下竟然还有这种“汉奸”。我们说做汉奸一般有两种做法：一种是被抓过来，大刑伺候，打得死去活来，算了算了，我认了。还有一种是送金钱、美色，用糖衣炮弹打倒你，你禁不住诱惑，当了汉奸。而张松既没有挨打，也没有人送钱给他，也没有施美人计，什么都没有搞，他就主动卖身投靠，你说可恶不可恶？所以，像这样的人再有本事也不能用。

有点本事但到处滋事，不可用（不显摆会死，制造事端）

第二种有一点本事但不可以用的，就是到处要小聪明，自以为是，不显摆就会憋死的。很突出的一个就是祢衡了。

祢衡也是个才子。我们说是才子的人都有个性，都有脾气。他自以为本事大，便目空一切，大发脾气，看什么都不顺眼，还会骂人。大家发现了没有，是才子好像都会骂人？而祢衡有点另类，骂人骂得比较厉害。怎么骂？骂曹操。曹操好歹是丞相，算是国家领导人，骂国家领导人还得了？

但是祢衡敢骂，还不是随随便便地骂。怎么骂？擂鼓骂。擂鼓骂还不算，还脱裤子骂，浑身脱光了骂！我们现在叫裸奔，是不是？那个时候就有了。脱得精光去骂领导，现在叫行为艺术。我们现在说这些都是才子。我研究发现，才子最大的特点就是总爱显示自己特立独行：你们都衣冠楚楚，我非脱光了，显示我的与众不同。

我们说祢衡就是这么一种人，非要“一脱成名”，还得捎上个大人物。曹操大人大量，宰相肚里能撑船。你骂我，我也不跟你计较，算了，我把你怎么样，天下人肯定要说我，说我曹操小肚鸡肠，一个人都容不下。算了，我也不理你。

但曹操是有计谋的人，你骂我，我不可以理你，但我会变着法儿地整你。有一次，他就叫祢衡到刘表那儿出差，就是荆州那个刘表。曹操心里清楚得很：你这个家伙到哪儿去都不招人待见，到哪儿都骂人，嘴闲不住，我把你送刘表那儿去，让他办你。

到了刘表那儿，祢衡果然老毛病不改，又骂刘表。刘表也是好吃，好喝，好招待。但不杀他。为什么不杀他？刘表也老奸巨猾：曹操挨了骂，不杀他，把他送到我这儿来，借刀杀人，我才不干呢！但刘表也动了一个心思，跟祢衡讲：我下面有一个人叫黄祖，是个大将。他在汉口还是在汉阳，我记不得了，那个地方叫鹦鹉洲，风景不错，你去游山玩水，挺好。刘表就派祢衡到黄祖那里去了。

祢衡见了黄祖，两杯酒下肚，又是横挑鼻子竖挑眼。黄祖是什么人？行伍出身，没什么文化，根本不买祢衡的账。他说，你算什么东西？跑到我这边来，好吃，好喝，好招待，居然还骂我？不管三七二十一，推出去就把祢衡给砍了。秀才遇到兵，有理说不清。

你有本事有什么用呢？有才华的葱还是一棵葱，再有本事，也不能这样骂人。所以，这种目空一切、不显摆就会死的人，在企业里坚决不能用。

而且不要试图改变他，更不要想教育他、培训他，给他一个空间让他慢慢转变。千万不要尝试改变人的天性，都说江山易改，本性难移，等把他改得差不多了，估计你也该退休了！

猪八戒算不算人才？（缺点能被罩住，可以用）

哪些有缺点的人可以用呢？缺点能被罩住的人就可以用。猪八戒有没有缺点？他的缺点太明显了。唐僧这个团队组建的时候，谁是最大的组织者？是观音菩萨。她让谁当团队的头？唐僧，因为他品德过硬。

孙悟空本事大，放进去，沙和尚吃苦耐劳，兢兢业业，放进去，白龙马也可以。居然把猪八戒也放进去，有的人想不通了。这个人（猪）缺点太多了，好吃懒做，好逸恶劳是不是？他还偷奸耍滑，经常说一些泄气的话。“散伙吧，回去吧，我到高老庄做女婿去了！”这些话都是他讲的。而且八戒好色，遇到美女，他两条腿就迈不动了，生活作风确实有问题。就这么一个人，居然把他放到取经的团队里。

当然，我们说猪八戒能够修成正果，和其他人有很大的关系。在这里，我们要认清一个问题：虽然猪八戒有缺点，但这个人毕竟是可以用的！只是用的时候要有配套的手段。什么叫配套的手段？就是说他虽然有缺点，但是在这个团队里有人能约束他。首先是他的领导唐僧，唐僧天天在那儿敲木鱼，你要善良，你要勤奋，你要修成正果；你不可以贪污，你要多做事情；你不要偷懒；你不要好女色。你看唐僧天天在那儿念经敲木鱼。

还有孙悟空经常敲打他。怎么敲打？自己变个美女去迷惑他，猪八戒上钩了，好好地戏弄他，不断敲打他。

沙和尚遇到猪八戒太过分的时候，也会发牢骚：太不像话，怎么可以这样呢？

由于有唐僧的正面引导，整天做他的思想工作；孙悟空不断在那儿敲打，做坏事我就收拾你；沙和尚不断在那儿发牢骚，你怎么可以这样。他周围的几个人都在敲打他，所以即使他有缺点，想干坏事也干不成，他的缺点就被罩住了。我们讲，如果他的缺点能够被罩住，这样的人是可以用的。

陈平不是道德完人（有本事的人可能有野心，但没本事的人未必老实）

另外，只要缺点不影响到做事情，也是可以用的。这要看他负面的破坏力有多大。

陈平——我们刚才讲过他是刘邦的人，但在陈平刚到刘邦那里时，马上有人打小报告，说陈平不是个好东西。怎么不是好东西？第一，他在家里的时候就勾搭上他嫂子，品德有问题。第二，他原来投奔魏王，后来投奔项羽，就是楚王，最后才到我们这边来，是个三家村的人物。第三，这个家伙来了以后收贿赂，下面的人送金子给他，他照单全收。你说陈平这种人还能用？刘邦一听，有这回事吗？他去找推荐陈平的那个家伙，问怎么回事，你把陈平这样的人推荐给我？那个家伙一听就急了，我推荐给你的是有才能的人，不是道德上的完人。假如你需要道德上的完人，我不会把他推荐给你，你需要的是做事情的人。刘邦一听有理，打天下需要的确实不是道德楷模。

刘邦真厉害，马上把陈平叫过来，问他："听说你有几个问题，你说说看，这几件事情是不是真的。"

陈平说都是真的，没有一件是假的。我跟我嫂嫂有那么一回事。怎么回事呢？我哥哥死了，我为了照顾我的侄子，就跟嫂嫂结婚，这是第一件事情。第二件事情，我投奔魏王是对的，但是魏王看不起我，没用我；然后投奔项羽，可项羽也没有把我当一回事。因为他们都不用我，所以我才到你这边来。第三件事情，我收下面人的贿赂，也是有的。我来了以后工资这么低，全家老老小小那么多口，吃饭都成问题，我不收他们的贿赂，怎么吃饭？

刘邦一听，原来是这么回事，既然你生活困难，我再给你发生活补助。

陈平后来做了几件事，还蛮缺德的。当然我们从个人的角度看是不够意思，可实际上是在帮刘邦。缺什么德？比如最后一件事是杀韩信。本来江山已经坐定了，刘邦已经做皇帝了。有人说韩信要造反，刘邦想杀韩信。想杀韩信的时候，陈平说，“皇上，你现在要杀韩信，你跟他打，打得过他吗？”这时候刘邦刚做皇帝，还老实、谦虚，实事求是地承认打不过韩信。于是，陈平献计说：“既然你打不过他，你怎么能够这样杀他呢？你把他骗过来就行了，用皇帝出巡的机会把韩信骗来，骗过来以后，再把他抓起来。”结果他帮助刘邦把韩信除了。所以说有缺点不一定影响做事情，没有太大破坏性的人也是可以用的。

韩信钻过裤裆耶！
韩信
我偷吃过狗肉……
樊哙
刘邦

用亲友还是用外人？

忠诚的人未必就一定会做好事，要有知人之明。不要以为他是我的亲戚，他是我的朋友，他是我的同学，这个人我信任，他不会破坏我，对我绝对没有杀伤力。不是那么一回事！

忠诚的人也能好心办坏事

忠诚的人也能好心办坏事。你不要以为自己身边亲近的人都可用，什么大任都交给他做，这样往往会很麻烦。再与自己亲近的人，再信任的人，忠诚得毋庸讳言，忠心耿耿得不容许有丝毫的怀疑。但问题是，这样的人做事情，有时好心也会做出坏事，而且更麻烦。我们打一个比方，三国时的蒋干。蒋干的良心坏吗？一点都不坏。他跟张松是不在一个档次上的，张松是跟他不能比的。蒋干的良心是很好的，对曹操也很忠诚。

赤壁大战之前，曹操曾想一举把东吴拿下，就统一了。东吴的文臣一个一个地说投降吧，投降吧，曹操有 83 万大军，我们还打个屁？算了，不打了。这个时候周瑜站出来说：“不行，要打！”周瑜要打。

曹丞相就头疼了，说要打就打吧。正在他头疼的时候，蒋干出来了，蒋干是他手下的一个谋士。蒋干讲：“丞相您是为周瑜头疼吧？”“是啊，为周瑜头疼。”“不就是那个小周吗？”“哪个小周？”“周瑜啊！周瑜是小周，他是我同学。”也不知道什么同学——是小学同学，还是中学同学、大学同学，谁知道是哪儿的同学？反正他说是他同学。曹操问：“同学怎么了？”“丞相，你这样好不好？这一仗不用打了。”赤壁之战根本不用打，不可能打。怎么回事？“周瑜是我同学，我去说服他就行了。您让我去，我去跟他说说，让他投降算了，肯定不打了。”曹操大喜。不知道这个大喜怎么来的。估计他一时聪明，也是想：好，你说得动就去说，不战而屈人之兵，上上之策也！说不动，照打不误。估计曹操就是这种想法，让蒋干去。周瑜一看是蒋干来了，很高兴，忙招呼：同学来了，好吃，好喝，好招待。

其实他们两个相差很大。周瑜已经做到东吴的三军总司令，职位很高了。而蒋干是什么人？蒋干是曹操下面的参谋。他们的职位相差很大。这两个人碰到一起了，但是周瑜很热情：坐下来喝酒，我们老同学多少年不见了，今天我们只谈风月，不谈工作。喝酒的时候可以谈谈女人，可以叙叙旧，但是千万不要谈你的单位，我的单位，单位的事情免谈。两个人就喝酒，拼命喝。喝完了以后，周瑜说：“我们也几十年不见了。以前上学的时候，我们睡在一起，今天我们还睡在一起。”两个人就睡在一起，周瑜装着自己酒喝多了的样子就睡了。

蒋干哪儿睡得着？蒋干肯定睡不着，他心里有事。睡到大半夜，他起来翻翻这个，看看那个，看看桌上一大堆文件，都是类似开这个会，搞那个运动，搞各种各样的培训的各式各样的文件。翻来翻去就翻到一张纸。什么纸？一封信。什么信？是曹操的两个高级军官写来的一封信。蔡瑁、张允是什么人？是曹操的水军总司令。因为赤壁之战是用船的，他们俩是水军总司令、副总司令，也就是前敌总指挥和副总指挥。两个很关键的人写了一封信给周瑜，跟周瑜说，我们两个想与你合作，把老曹搞掉。蒋干一看这件事太大了，事不宜迟赶快走，赶快把这件事情告诉主公。他就往回跑，稀里糊涂也还幸运，一个人都没碰到就跑回来了。

实际上是周瑜已经安排好了，让蒋干看到这封信，让他跑回去。蒋干跑回去时曹操还在睡觉，蒋干跑进曹操的寝帐大叫："丞相啊，不得了！你赶快起来！""怎么回事？""你看看。"曹操问，"你不是劝周瑜投降去了吗？""是啊，周瑜投降没劝成，但是这件事情被我搞出来了。"什么事情啊？一看是蔡瑁、张允要里应外合，搞我老曹。这件事情太大了，曹操气极了，立即下令把这两个人推出去斩首。就这么糊里糊涂地把两个人斩了。

斩掉一个前敌总指挥，一个副总指挥，这仗怎么打得成？而且别人不懂水军。这件事情确实让曹操感觉到自己很窝囊。你看看，周瑜就那么一顿酒，让曹操错杀了两条人命。还不是一般的人命，是前敌总指挥和副总指挥。曹操想怪蒋干，好像又不太好怪。为什么？蒋干忠心耿耿，完全是为了曹操的事业考虑，只是上了别人的当，又不是有意的，没有功劳，也有苦劳，没有苦劳，也有疲劳。再说偷信的是蒋干，可杀人的是自己，才叫曹操觉得很窝囊。

即使很忠诚的人，即使是你身边很亲近的人，有的时候也会好心做坏事。我觉得应当提醒各位读者、各位管理者要知道这一点。

非自己人，未必就不能办好事

刚才我们讲到身边看起来非常忠诚的人，也可能好心办坏事。那么反过来，不是自己身边的人，看起来不是知己，不是自己的亲信，他就一定不能办好事吗？

在我们具体的工作当中，经常会出现一些问题。比如总经理、部门经理安排一些岗位，安排一些事情让人去做的时候，首先要想一想：“哎呀，他好像不是我的人。”“哎呀，我对他好像不太了解，他可能对我不太忠诚。”不想让他去干。而事实上呢？我们要明白一个道理：他不是你的亲信、不是你的同乡、不是你的同学、不是你的亲戚朋友，但是他做的未必不是好事情。

有一个很典型的例子：崇祯皇帝杀袁崇焕，就是个很大的错误，非常大的错误！明朝 276 年的江山，到最后在崇祯手上断送了。崇祯皇帝是很值得同情的，做了 17 年的皇帝，不贪财、不好色，而且很勤政，真的是一个很不错的人。就这么一个好皇帝，到最后还是把江山断送了，你说值不值得同情？

崇祯的哥哥叫朱由校，也是皇帝，朱由校死了以后，他就做皇帝了。他哥哥朱由校是个什么人呢？是个土木工程师。他做皇帝不够格，却是个能工巧匠。在家里、在皇宫里，朱由校对亭台楼阁非常感兴趣，整天用斧子、刨子做小玩具，非常厉害，但是不务正业。

崇祯的爸爸也是皇帝。他爸爸当皇帝的时间不长，当了大概一个多月就死了。他爸爸更是糟糕，好色，非常好色。为什么他做皇帝的时间这么短？因为他做太子的时候很压抑，好不容易做了皇帝，就放纵，好女色。史书上讲：他登基那一天还大汗淋漓、身体虚弱。为什么成了这副样子？说他“夜连幸数女”！到最后怎么死的？又是“夜连幸数女”！

反正是好女色，到最后死掉了。

那么崇祯的爷爷呢？他的爷爷很有名，就是我们大家经常提到的、耳熟能详的万历皇帝。万历皇帝更荒唐，荒唐透顶。万历皇帝做了四十多年，前十年做得很好，但是后三十年一塌糊涂！怎么讲一塌糊涂？他当皇帝的后三十年竟然不上朝。他有几个不：“不朝”，不上朝；“不见”，不见大臣；“不批”，大臣把奏折送上来，他不批；“不讲”，有皇帝听讲学的地方，他也不去听；他居然还不拜祖宗，不拜天地，叫“不庙”。

将近三十年时间，万历皇帝什么正事都不干。结果他的六个部：兵部、工部、刑部、礼部、吏部、户部，有五个部没有尚书。为什么没有？因为他不上朝，老尚书死掉了，他不任命新尚书，不批准谁来当呢？所以有一个内阁大学士做了三年的宰相，也不知道是正宰相，还是副宰相。更可笑的是，他做了三年的宰相，连皇帝的面都没有见过。就这么个人在做皇帝，是崇祯皇帝的爷爷。

崇祯皇帝比他的哥哥强，比他的爸爸强，比他的爷爷强。他是很好的一个人，非常勤政，但是到最后江山还是断送了。为什么断送？临死之前他说："君非亡国之君，臣皆亡国之臣。"这句话很有意思。"君非亡国之君"，也就是说，虽然这个国家亡了，但我不是亡国之君，而所有的丞相，所有的大臣，都是亡国之臣。意思是都因奸臣误国，都是下面这些奴才没有用，才导致这个国家灭亡。

其实我们从管理的角度讲，亡国本身说明崇祯皇帝非常失败。他把责任全部推到下面人身上，自己干什么去了？做领导要有知人之明，要有驭人之术，是不是？你把责任推到下面，说"臣皆亡国之臣，君非亡国之君"，这本身就有问题。他做了 17 年皇帝，换了 50 多个大学士，换了 14 个兵部尚书。

再说袁崇焕。袁崇焕是什么人？袁崇焕是唯一打败努尔哈赤、皇太极的人，智慧超群。崇祯居然把袁崇焕杀掉了。为什么杀掉呢？就是他不听话。当然了，史书上讲是皇太极用了一个智谋，就是蒋干盗书的那个智谋——离间计。说皇太极把明朝太监抓过来，假装让自己守卫的士兵讲，说袁崇焕已经跟我们"皇上"商量好了，准备如何如何，然后故意让他跑掉。这个太监回去以后，跟崇祯皇帝告密，说不得了了，袁崇焕已经跟皇太极“私通”了。崇祯皇帝一听，那还得了？他把袁崇焕凌迟处死，毫不犹豫给千刀万剐了。自从杀了袁崇焕，明朝的史书里讲，再也没有人能够对抗皇太极，收复辽东了。

当然了，我们现在说明朝灭亡是因为李自成。但是，如果袁崇焕不死，继续以他的兵力对关外党政军保持对抗，李自成还能那么顺利地进入北京城吗？虽然袁崇焕不是他自己的人，崇祯皇帝信谁呢？他只信宦官、身边的人，对不是自己的人就不信任。不信任就杀，随便杀，滥杀。杀到最后，就会自毁长城！几百年的江山，就这样没有了。

所以说在选人的问题上，不仅仅是度量大的问题，眼光也很重要。对自己的人要分清楚，对不是自己的人也要分清楚。我们现在是个团队，是个组织。你不要老是拿自己的感情当标准，用自己的感情来衡量，说“这个人可用”，“那个人不可用”。这肯定是不对的。

用亲友还是用外人，这是当前企业中非常现实的一个问题。我在全国各地讲课，长三角许多私营企业家跟我谈这个问题的时候，我直言不讳地讲：家族企业是中国民营企业发展的必有阶段、必然阶段。一个家族的企业不用自己的人是不可以的，也是不可能、不现实的，肯定要用自己的人。因为在当前的市场环境中，我们的职业经理人还没成熟到那个火候。但怎么用？我跟那些老板说，举个简单的例子，谈谈自己的亲友怎么用。

第一：尽量不要让自己的亲友到生产一线做最苦、最基础的那些活，这样会带来弊端。什么弊端呢？一方面他会牢骚满腹：“我是老板的亲戚，我还来做这种事情。”另一方面会给基层的管理者带来麻烦，基层的管理者会觉得不太好管。所以尽可能不要让自己的亲友到一线去。

第二：不要将自己的亲友黏在一起用。什么叫黏在一起用？就是不要让两个亲戚的工作互相有关联。比如我的财务部里有一个亲戚，财务部就不再安排其他的亲戚。再比如我们采购部安排了一个亲友，那么采购部不再安排其他亲友。不要让亲友之间互相串通，他们串起来非常麻烦，后患无穷！

另外，在用亲友的时候要小心，也不见得亲友都是对你忠心耿耿的。有一些人野心也很大，家族企业到最后分崩离析了，死掉了，什么原因？很大程度上是内讧。这样的例子还少吗？即使是父子、兄弟这样的关系，也有弄到反目成仇的。所以说自己的亲友也要小心，如果说人不错，非常有潜力，就好好培养。如果发现这个人有一定本事，但是野心很大，有一天他也会自己干的。

我接触过一个老板，他说自己的亲戚也有口袋，能捞一把的时候，他就往里捞一把。那怎么弄啊？要小心一点，有野心的，有一定本事的，用的时候要注意，比如一些核心岗位，涉及企业管理核心的一些岗位，不要让他去碰，不给他机会。让他干什么？让他在外边跑跑龙套。比如让他去跟政府机关打交道。在外面应酬很风光，但是对企业内部的东西，不要让他碰。这样的岗位可以另做安排。在亲戚朋友当中，有一些人本事不算大，但是做事情还靠得住，那么你可以安排他担任仓库主任，诸如此类的角色。

说到底，亲友不是不可以用，但是安排岗位要小心一点，不要搬起石头砸自己的脚，给自己带来麻烦。好心安排亲友，反而搞得自己烦恼不已，那就得不偿失了。

知人之明：特质无法培训

主动与热情无法培养

我们在选人的时候要注意，一个人干工作，他的主动性几乎是无法培养的。当然这只是我个人的观点，有的人可能不同意，会说“那还要培训干什么”。不是说培训不重要，我在后面会讲到培训的重要性，但是培训不是万能的。

人力资源的核心就是八个字：“选人、育人、用人、留人”。“育”，培育，就是培训。但是前面两个字“选人”最重要。人选得对，再来做培训，事半功倍。如果说人选得不对，即使培训花了很大的力气，事倍功半，效果不好。人的很多特质是无法培养出来的。就像我自己，我非常喜欢下象棋，但是我的象棋再怎么下，就算我现在除了下象棋，什么事情都不干，只钻研象棋，估计到最后也入不了级，不会是一个水平高的棋手。为什么呢？因为我的特质决定了我只有这样的智商。在工作岗位上也一样，一个人的主动性几乎无法培养。

你看，在我们的生活或工作当中，有的人勤快，他在家里从小就勤快，长大了到工作单位还是勤快。这个勤快就不需要培养。而有的人不勤快，在家里懒得要死，在工作单位也是如此。你来培训他，你说“你要勤快一点，你看人家都在做事情，你为什么不勤快”，但不会有多大效果。勤快在短时间内是培训不出来的。所以选人的时候就选好，我选一个勤快的人。我干吗要选一个不勤快的人来培训呢？主动性是无法培养的。

DNA 是无法复制的

某些特质适合在哪个岗位上干，不适合在哪个岗位上干，这也要有知人之明。曾经有一个笑话：

一个总经理要招聘新员工，他对应聘者说：“你们具体能够胜任哪个岗位，我也不能按照你们说的做，我要对你们进行一个测验。”什么测验呢？他给每个应聘者发一个魔方，我们小时候经常玩的那个魔方，要求大家说：“给你们一天时间，明天你们过来的时候，要把颜色打乱了的六个面全部还原成每个面都是相同色块的样子。”就像我们小时候经常玩的那样。

第二天，应聘者一个个都回来了。第一位老兄一进来就把魔方递给总经理，“总经理，我这个已经搞好了，任务完成了。”总经理一看，不错，红颜色、绿颜色、紫颜色、黄颜色……真的搞好了！不过仔细一端详，似乎哪里不对头。总经理用手指使劲在上面一按，竟有颜色掉下来，放到鼻子底下闻闻，竟有油漆的味道。“怎么回事？你给我说清楚。”这位老兄说了：“报告总经理，我昨天忙到半夜三更，实在搞不出来。家里正好有油漆，五颜六色的油漆，我用油漆一喷，就成这个样子了。”总经理既高兴又难过。难过的是这家伙没有按照自己的要求完成任务，高兴的是什么呢？总经理一把抓住他的手，“人才难得啊！像你这样的人搞生产，不论什么样的产品，你总有本事把它搞出来。你搞生产肯定是一把好手，留下来搞生产。”

第二位老兄过来，也把魔方递给总经理说：“总经理，你看我也搞好了！”总经理一看不错，真的是红颜色、绿颜色、紫颜色、黄颜色……没有油漆的味道，不是喷漆的，不错。他再仔细一看，“这个也有问题。我发给你的魔方是一个半新不旧的，你这个魔方怎么是崭新的？怎么回事？”这位老兄讲了：“报告总经理，我昨天忙到半夜三更，也搞不出来。今天一大早我到商场去排队买了一个。这个新的就是这样子的，它就是这样排好的。”总经理一听，“不错，你也算个人才。留下来吧，搞个什么盗版软件，假冒伪劣小菜一碟了。有本事，留下来。”

第三个老兄进来说：“总经理您看我的。”总经理一看，真搞好了。没有油漆，也不是新的，完全没有作弊，就问，“你说说看，怎么弄的。”“报告总经理，我昨天自己搞到半夜三更，也搞不成。没办法，我就打电话把在本市的三个同学都找来了，请他们帮忙，光吃夜宵就花了300块。是这三个人帮我搞起来的。”总经理一听非常兴奋：“好！很好！懂得运用人际关系解决问题，这是销售人员必须具备的特质，搞销售再合适不过了。留下来，搞销售吧。”

第四个是个农村来的小姑娘，一进门就把用报纸包着的一大堆东西递给总经理，也没说话。总经理一看，这是啥玩意儿？“报告总经理，昨天我回去搞，搞到最后怎么也搞不成，一不小心还把它搞散架了，再也装不起来了，所以只能用报纸把它包起来还给您。不好意思，我肯定不能胜任您的工作了。”哦，搞散架了。“总经理，这样搞散架了，我真不好意思。我想赔您，但是我也没有太多的钱，我口袋里就20块钱，您看这20块就算我赔您的。我走了，不好意思。”她正要走，总经理一把抓住她的手。“人才难得啊！怎么可以走呢？自己搞坏了，还主动把钱贴出来，这样的人搞财务，哪个总经理不放心？留下来，留下搞财务。”

我们说这些的意思是什么？就是说，人的某种特质是天生的，DNA是无法复制的，某些岗位就是与某些性格特征相匹配的。我们不是要改变人们的性格特征，而是要寻找与岗位相匹配的人。我们作为总经理，作为部门经理，要做管理，做人力资源方面的工作，要有知人之明。

影响选才的因素

关于选拔人才的问题，还有几个因素，我们要提出来讲一讲。

企业发展的阶段

过去讲，打天下的时候，要找的是能够骑马打天下的大将，不需要他有什么文化，只要能打仗就行了。一旦江山坐定，需要的是提笔治天下的人。在不同的阶段需要不同的人。而且一旦江山坐定，说不定当初那个骑马打天下的人思想陈旧，反而会成为管理上的障碍。这时候你作为管理者就要想想办法了。

在这里我们说一个道理：在一个企业里，销售额做到5000万的时候，需要什么人；销售额做到5个亿的时候，需要什么人；销售额做到50个亿的时候，又需要什么人，标准是不一样的。

企业所在的区域

在你那个区域，比如在我们沿海地区，上海、深圳、青岛等沿海一带，相对来说，高素质的人才比较多。同时，人才的工资成本比较高。如果你想花少一点钱，优秀的人才是不会到你这边来的。这就是区域特点。而相对来说，中西部地区不是没有高素质的人才，有，但是中西部普遍的工资水平比较低，企业的状况、各方面的生存环境，各方面来说，节奏比较慢，比较迟缓。在这种条件下，你就没有必要跳出本区域，说我要开天辟地，我要如何如何。

企业所在的行业

你这个行业里，什么人吃香，什么人不吃香，什么人值什么钱，你要知道，这是选拔人才的标准。在选拔人才的时候要辩证，没有什么教条，不是一定要依靠什么标准去做。

这个标准是人制定的，说到底是管理者、决策者制定的，是你所在的区域制定的，是你企业所在的阶段制定的。这个标准是不断与时俱进的。

只买对的，不买贵的

宁可小材大用，不可大材小用

选才的时候，我有一个建议：宁可小才大用，也不要大材小用。或者说，只买对的，不买贵的。合适的就是最好的，不要找学历最高的、经历最丰富的、本事最大的人。不见得本事大就合适。

我接触过一个企业的总经理，他跟我谈关于选人的问题。公司正在招聘一个部门经理，来了一个人，非常好，无论什么条件都很合适。而且他的学历很高，经验很丰富。从他的谈吐、修养、条理、认知各个方面来看，这个人都非常优秀。但是，到最后总经理还是没有选他做部门经理。我不理解，问总经理怎么回事，这么好的人为什么不用？总经理说，这个人天生就是做总经理的命，他不能做部门经理。天生就是做总经理的命，你选他做我的部门经理，怎么可以？尽管他现在表态：“没事，我好好干，我能接受。我反正以后有机会，先从部门经理干起。”但是你要透过现象看本质，他的骨子里是当总经理的材料。你把他放到部门经理的位置上，是委屈他。干的时间不长，他肯定会跑掉，他会不满足。这样的人与其让他干两个月再跑掉，不如找一个合适的人来。

松下幸之助讲过一句话，他说选人的时候“百分之七十”，这个岗位需要一百分的才干，招什么人来呢？找一个具备七十分才干的人就可以了。这样有什么好处？如果找一个一百分的过来，需要一百分，他也是一百分，看起来很好，但是这里是有一定问题的。他带着一百分来了，感觉到我天生就应该坐到这个位置上，我该享受的就应该享受。我这么大本事，还不享受吗？干着干着他就会不满足，会有野心，会有其他想法。他就可能抱怨，可能对公司进行挑剔，反而会出很多事情。你找一个七十分才干的人，帮他坐到一百分的位置上去。他会怎么样？他会感觉到，我目前的能力，目前的经验，还不能胜任这个岗位。但是我们的总经理对我那么好，那么器重我，让我坐这个位置，我一定要好好报答他。我要拼命努力，要很勤奋、努力地完成眼前的工作，不能辜负总经理的期望。他会干得很开心，自觉自愿地加班，自觉自愿地主动解决事情，他都会去做，而且不会抱怨。这就是松下幸之助讲的“百分之七十”的问题。这是关于选人的问题。

让马谡教书、张飞守华容道嘛！
主公知人善任。
刘备
诸葛亮

选人的功夫

关于选人、考核，选拔，现在各个企业做得都比较多了。一般来说，企业都有人力资源部经理、招聘主管去完成这样的工作。但实事求是地讲，在我们的企业存在一种状况，就是人力资源部经理、招聘主管本身不过硬。他们自己都不知道选人的标准是什么，根本不懂得该怎么选。这些人匆匆忙忙到人才市场去找，到外面去招聘。花了很大的招聘成本，回来以后，时间不长，不是招来的人不能用，就是来了以后就跳槽，拂袖而去。招聘工作不断进行低水平的重复，什么原因？我认为很重要的是人力资源部经理和招聘主管的业务水准要提升。自己不具备选人的功夫，你怎么去招聘？为什么招聘的成功率不高？很大程度上，我觉得人力资源部的工作要抓上去。

面试提问

现在招聘、选拔的时候，很多外资企业都有一些经典的面试题。像我们知道的微软、IBM公司都有很经典的问题。但是民营企业，尤其是销售额不是很高的民营企业，想套用那些问题来招聘，估计也是不合适的。那怎么办呢？我觉得有的时候要用一些土办法。比如面试题目，要根据想得到的结果去提问，旁敲侧击地问他，问一些水平比较高的问题。可有一些招聘主管，面试的时候老是滔滔不绝，自己在讲：我的企业如何如何……但问题是，你向他介绍自己企业的同时，也得考察他，看他行不行。他如果不是你要的人，你讲那么多有什么用？

你提问的时候，要看他有没有说谎。说谎是能够判断出来的。比如说他是哪个学校毕业的，学的是哪个专业，你随随便便问他两个专业上的问题，如果他表现得不是很好，你就明白了，这个人肯定是假的。

再比如，他以前在哪一家公司干过，你问他在那里干得怎么样？跟他的上司怎么相处？如果他总是含含糊糊地说我们上司是一个很好的人，我们上司真的很好，我们上司对我很关心。如果他这么讲，你一听就明白了，这里肯定有问题。为什么？他为什么不讲具体一点，就这么大而化之地讲一两句话？说明他跟上司处得不怎么愉快。

再比如，问他以前在哪个单位干过，干得怎么样？他说我在那儿干得可好了，我本科毕业不久就在那儿干，没多久提拔到车间主任，后来又提拔为生产部经理。一年之后我想离开的时候，总经理还跟我说，想让我做他的生产副总。你一听，这里一定有问题。哪有那么快的？如果是一个很正规的企业，不会这么快的，这里肯定有水分。通过这些问题，你就可以判断出来。

共同进餐

通过吃饭你能看出很多东西。有的人吃饭很挑剔，有的人吃饭狼吞虎咽。狼吞虎咽的是有狼性的人，他做事情有闯劲；慢慢吃的人可能是有完美性格的人。就要看这个工作跟他吻不吻合。

吃饭的时候会不会主动跟人家打招呼？在食堂吃工作餐的时候，是不是懂得谦让？把饭吃完了，会不会主动把盘子送回到原来的地方？从这些细节都可以考验他的品行、性格有没有致命的弱点。

突袭

突袭是什么意思呢？就是突然袭击。比如说他是搞客户服务的，你没有跟他预先打招呼，早晨7点钟打个电话告诉他，“张三，赶快到我公司来一趟好不好？有一点重要的事情要处理。”你看他的反应，如果他还在被窝里，表现得懒洋洋的，“现在就要来啊？我还在家。距离还远，不知道有没有车。”跟你这么推三阻四的，你就知道，这个人不适合搞服务。为什么？他这种性格能搞服务吗？一有事情就老是为自己找借口。而搞服务的人只要听到这样的电话，会说，“哦，我马上来，我争取，我努力，我很快到。”这样的人就适合搞服务，他的服务意识强。

文章讨论

另外，让他写些东西，和他讨论讨论。让应聘的人自己写个什么东西，这是很重要的，能发现很多问题。如果他敢做假，一跟他讨论他写的东西，马上露馅。

这些都是在招聘、选拔的时候，我们用的一些辅助手段。人招聘来了以后，我们就要考虑如何管理和使用了。

CHAPTER 2

第二章

团队领导要掌控局面

健康的企业组织不是不换人，而是换掉该换掉的人；

不是经常换人，而是该换人的时候就换人；

不是为了人事斗争而换人，而是为了有利于开展工作而换人；

不是新官上任才换人，而是按照企业规章制度换人；

换人不是企业某一时期的工作，而是企业必有的经常性的工作。

换人不只是换老人，新人不合适也要尽快换掉。而优秀的老员工，不仅不能换，还应该嘉奖。

招聘、培养、使用，这是一个很连贯的过程。员工招聘进来以后，在使用的过程中，我们的手段也要与时俱进。每个员工都有明显的缺陷和优势，都有鲜明的个性，有弱项和强项，有顺从和对抗。这就要求管理者能用人所长，要懂得驭人之术，能掌控局面。

原先忠诚，未必现在也忠诚
现在忠诚，未必将来还忠诚

在使用一段时间后，我们会发现原先忠诚的未必现在也忠诚，现在忠诚的未必将来还忠诚。大忠之人也可能是大腐败分子，这实在是一个值得注意的问题。

作为老板，很多情况下我们不愿意去面对这个问题，但是不得不发现，很多人原来对你忠心耿耿，后来发现做坏事的也是他。就像我们说当年汪精卫对孙中山很忠诚，差一点当了烈士，但是到最后他不是成了中国头号汉奸吗？张国焘对共产党应该很忠诚，他是中共一大代表，但是到最后，不是投奔国民党去了？这些都是问题。

我们讲过崇祯皇帝，他把明朝的江山断送了。什么原因？一方面是明朝的腐败、专制，是崇祯皇帝的不信任造成的，但从另外一个角度来讲，在那样的环境里，哪个人都会改变的。就说洪承畴，他对明朝多忠诚，被俘以后，先是绝食，皇太极想说服他投降，他不投降；派范文程去说服他，他也死活不同意，反过来骂范文程：你这个汉奸，你这个卖国贼，如何如何。到最后，范文程对劝降洪承畴都失去了信心。但是他向皇太极汇报时反映了一个细节，说房梁上掉下一颗老鼠屎，落在洪承畴的衣服上，洪承畴把它轻轻掸掉，说我现在还没死，不要让一粒老鼠屎脏了我的衣裳。皇太极一听，就来到洪承畴的住处，把自己的貂皮大衣披到洪承畴的肩膀上，说：现在天气冷了，你要注意身体，看看你还有什么需要的，就跟他们说一声。人活几十年不容易，你是我很佩服的英雄……

就那么几句话，把洪承畴说得心里五海翻腾。想一想自己在崇祯皇帝那儿到处受节制，这也不信任，那也不信任，有劲无法使；但是皇太极这样对我，我不投降，不弃暗投明，实在是不应该。然后他投降了。

可悲的是他投降了，崇祯皇帝在北京城里还以为他殉国了，居然停朝三日，大办国丧，为他建立祠庙，很是滑稽。你看看，一个卖国贼，还为他建立祠庙，停朝三日。而袁崇焕，忠心耿耿，把他作为卖国贼处死了，而且杀得很残忍，是活活地给剐了。我们现在骂人，“你这个杀千刀的”。“杀千刀的”什么意思？就是刽子手在行刑的时候，把受刑人身上的肉一片一片割下来，要割到一千刀才能死。如果割不到一千刀就死掉了，这个刽子手是要受惩罚的。袁崇焕就是这样被杀死的。后来老百姓还花钱买他的肉下酒，吃一块肉骂一句，说这个汉奸、卖国贼。

现在忠诚，未必将来也忠诚。所以忠诚这个问题实在是我们做管理的要去研究的。这是一个老问题。

我们还会发现一个问题，这也是很多管理者不愿意面对的，就是大忠之人很可能是大腐败分子。或者用有一些人的讲法，就是“小忠积大奸”。“小忠积大奸”这句话很有意思，很多大奸臣当初都是很忠诚的，非常忠诚，不是一般的忠诚，忠诚到最后，变成大奸臣，就是小忠积大奸。而且忠诚和腐败分子两者之间不矛盾。比如和珅，和珅对乾隆忠诚吗？和珅对乾隆太忠诚了，不是一点点忠诚。如果他不忠诚，乾隆能够让他坐到一人之下、万人之上的位置上吗？侍卫大臣、议政大臣、文华殿大学士、首席军机大臣，乾隆对和珅好到和他做儿女亲家，把自己的第十个女儿许配给和珅的儿子，两个人就是亲家公，关系非常好。和珅对乾隆也很忠诚，虽然自己是首席军机大臣，但是和乾隆在一起，他为乾隆斟茶，倒痰盂，什么乱七八糟的事情都干，非常忠诚。但是他也贪污受贿，所以叫“和珅跌倒，嘉庆吃饱”。从他家里抄出来的东西够得上大清王朝十年的财政收入。一个“忠臣”是一个大腐败分子，对不对？

再看魏忠贤。魏忠贤对天启皇帝朱由校不忠诚吗？非常忠诚，忠诚得一塌糊涂。朱由校要病死的时候，魏忠贤天天睡在皇帝的旁边，天天在那儿哭，把眼睛都要哭瞎了，对皇帝忠诚得不得了。这时手下的人跟魏忠贤讲，说九千岁（魏忠贤是九千岁），估计皇上马上要驾崩了，他一去，我们可怎么办？新皇帝上来肯定要办我们，咱们还是早点想办法吧。干脆，九千岁上去当万岁算了，意思是干脆我们造反吧。魏忠贤那个时候大权独揽，应该有这个条件。可魏忠贤讲什么？他说，混账东西，怎么可以讲出这样的话？我一心为公，对朝廷，我怎么怎么样，我怎么可能做出那样的事情？叫我谋反，天理难容，不可能！他表现得非常刚烈。魏忠贤是一个非常忠诚的人，他也是个大贪污分子。所以我们在用人的时候，你的亲戚也好，你的朋友也好，你的亲信也好，你的战友也好，过去和你一起打江山的老部下也好，他可能对你一个人很忠诚，却是单位里的腐败分子。

能干的人也会制造悲剧

悲剧之一：人治超越法治

另外，我们还要清楚地看到，能干的人也会制造悲剧。这一点恐怕有的人又有一点不相信了，他有本事，怎么还会制造悲剧呢？举一个例子，大家会觉得很有意思。诸葛亮有本事吧，他是个非常了不起的人，对不对？但是我们看到，诸葛亮在他有本事的背后也制造了一些悲剧。什么悲剧？

比如“人治超越法治”。因为诸葛亮太有本事，所以他能形成一言堂，独断专行。只要他想做什么事情，就没有人能够阻拦他，这不就是人治超过法治吗？六出祁山，搞到最后“出师未捷身先死”，还拖垮了国家。

实际上，蜀国的国力是最弱的，年年征战，老百姓很穷，国库里没有几两银子。国力如此，人家没来打你已经够幸运了，你去劳什么师，伐什么伐？你首先要把家里的事弄好，休养生息。但是因为诸葛亮要打，谁也拦不住他，劳民伤财。到最后，蜀国不堪一击，首先灭亡了。因为人治超越法治，没有一个法律制度来约束诸葛亮，他太厉害了，太厉害的人就会出现这种情况。

悲剧之二：英雄扼杀团队

第二个悲剧是英雄扼杀团队。因为诸葛亮太厉害了，其他人都厉害不起来。白帝城托孤，刘备跟诸葛亮讲：“我的儿子阿斗刘禅，你看能用，能扶他就扶他；不能扶，你就把他一脚踹掉，自己上算了。”诸葛亮说：“不行，刘禅多有用，多厉害啊！我怎么可能一脚踹掉他呢？我就像服务您一样来服务他。”诸葛亮虽然这样表态，但事实上，刘禅从 17 岁开始做皇帝，到 58 岁投降，在位将近 41 年。在 41 年当中，他做了什么事情？屁事也没做。一个血气方刚的青年，20 岁正是做事情的时候，但是正因为诸葛亮太厉害了，才搞得刘禅无所事事。说得好听一点是诸葛亮宠他、惯他；说得难听一点，是被诸葛亮控制住了。

刘禅说：“前方将士打仗很辛苦，我是不是要到前方去慰问慰问？”

诸葛亮说："不用，这件事情还用你去吗？我来安排。""那我干什么？""你喝酒去，这件事情不用你操心。"

刘禅说："我们生产的兵器，好像产量老是上不来，我到车间去看看，我们生产的兵器到底是怎么回事。"诸葛亮说："不用，这件事不用你管。""那我干什么？""你喝酒去，这件事情我来安排。"

过节的时候，刘禅说："我们将士是不是开一个联欢会？我来跟大家喝喝酒，敬大家几杯？"诸葛亮说："不用，你坐在这儿，让他们来敬你酒，什么事情都不用你管。"

你看这样一搞，刘禅还能长本事？什么事情都不让他做，什么才干也长不起来。因为诸葛亮太厉害，一手遮天，英雄就扼杀了团队。连一国之君都控制不了诸葛亮，其他人谁还能影响诸葛亮？下面还有什么人能上来？没有人了，所以诸葛亮一死，蜀国很快就倒了。

贾母不能不管

所以太能干的人也会制造悲剧，这里就涉及驭人之术。

"贾母不能不管"，什么意思？《红楼梦》里的"贾母不能不管"，管什么事情？管贾宝玉，管孙子的婚姻问题。贾宝玉和林黛玉，两个人谈谈恋爱，打情骂俏，吟诗作画。贾母是睁一只眼，闭一只眼，可以，随你们怎么折腾。贾母是很喜欢黛玉的，最初也很想促成"木石前盟"，但为了贾家的兴旺，俩人要结婚，那不行，我要管的。按照一般人的观点，我记得我们当年上学的时候还在讲，贾母是封建主义的代表，不愿意自行退出历史舞台，干涉儿女的婚姻。老不死的，追求爱情要你管吗？我们当年上学的时候，是不是这样讲的？但当我们作为一个企业管理者的时候，对于孙子的婚姻大事，“贾母不能不管”了。怎么可以不管呢？

我作为家长，作为领导，我知道我们家里的情况。贾宝玉是我的孙子，我还不了解吗？这小子不会有什么出息的，胸无大志，整天吃吃喝喝，吟诗作画，还指望他能够振兴门庭？不太可能。而林黛玉整天哭哭啼啼的，靠谱吗？不靠谱。这两个人真结婚的话，只知道打情骂俏，吟诗作画，我这贾府不就倒了吗？这两个人能振兴门庭吗？不可能。就像现在社会上某些人，就知道出去蹦迪、蒸桑拿，不高兴了就回家砸家具、摔电视，闹离婚，什么都干，你说这个家还怎么过？作为一家之主，贾母清楚得很，孙子已经无法改变了，要把这个家撑下去，只有改变我的孙媳妇。找谁？找薛宝钗。薛宝钗好，薛宝钗是个过日子的人，对不对？只要她跟贾宝玉结婚，贾宝玉再怎么糊涂，再怎么混蛋，只要有孙媳妇在，就还有希望。薛宝钗是个好人，绝对是个规矩人，按时起床，按时睡觉，在家里相夫教子，只要她在，肯定是个五好家庭，这个家就倒不了，还能撑下去。但是林黛玉能做到这一点吗？做不到。我这个家长不管，谁管？这么大的事情能糊涂吗？

所以，从管理的角度讲，你是部门经理也好，总经理也好，下面的人要看清楚，该管的时候一定要管，不管是不负责任的。

我们讲过，诸葛亮本事是大，但如果你是诸葛亮的领导，你能因为诸葛亮的本事大就不管他吗？刘备就不管了，才出了后来的事。在后来的事情上，刘备是有责任的。

事关主权，不惜动武

我接触过江苏的一家企业，在全国来讲做得很不错，在饲料行业是一家很好的企业。但是，一天之间这个公司的人力资源部就收到二十几份分公司销售经理的辞职报告。怎么回事？一了解，原来公司的一个副总造反，他要把这么一班人拉出去自立山头。这可不得了！

这个时候，你作为企业的股东、董事长、总经理，当然得管。但怎么管？

公司先是召开会议，研究决定从这个副总的账目查起。一查才发现，他挪用过资金，挪用过好几百万。拿住了他的把柄，问题就好办了。

公司再向当地政府部门、公安机关打招呼。政府说，你们这个企业在我们这里算大企业，不管你们怎么弄，我们都会支持你们的。

公司开股东会，到宾馆开个房间，总共来了五个股东，四个股东坐到一边，这个副总本身也是股东。四个股东跟他说，很简单，你现在把你拉出去的分公司的经理全部拉回来，你自己在外面办的企业划到集团名下。当然，该给你的报酬肯定给你，关键只有一点，这个家不能分。这是第一，你必须回来。假如你不回来，一心一意想出去干，好，我们也拦不住你。我们大家商量好了，公安局的警车就在下面等。我们已经查出来了，你挪用过公司的资金，动过几百万。如果让你另立山头，现在公司肯定会倒。但在公司垮掉之前，一定要判你个十年八年，把你灭了。我们已经下了这个决心，今天先把你送进去，明天公司就解散。既然要完蛋，大家一起完蛋。现在就这两条路，由你选。

到最后，想自立山头的副总妥协了，还在一杆大旗下做。后来公司调整政策，每年扶持一个股东自主创业，但是还在一个集团的大旗下。

遇到这样的事情，你说你能不管吗？

控制权不可含糊

在中国房地产的市场上，有一家企业被议论得比较多。谁呢？顺驰房地产。为什么比较多呢？因为它把55%的股权卖给香港了。顺驰房地产原来的老板叫孙宏斌，孙宏斌很厉害。早在1989—1990年的时候，他是联想集团柳传志手下的部门经理，清华大学毕业的高才生，非常厉害，不是一般的厉害。当年在柳传志那儿做部门经理的时候，他是柳传志非常看好的第一接班人。当时杨元庆、郭为还没出道呢。

这个家伙非常有本事，他领导的部门的销售额一年当中达到了几千万！这可是1989年的数字。因为他太厉害了，这个部门里所有人和事都听他的。这个部门还办了一份自己的报纸，出台了自己的行动纲领、自己的章程，整个搞了自己的一套。

柳传志当时在香港，主持香港联想的工作，偶然看到这份报纸，一下惊呆了：这还得了，这不是小山头吗？柳传志一直宣传“大船”文化，孙宏斌怎么可以自己搞呢？柳传志马上飞回北京跟他谈，说你这样搞不行。虽然柳传志批评他，但是还信赖他，因为他确实有本事。

柳传志劝孙宏斌说：你看这样行不行？你到另外一个部门去做经理，这个部门我来安排。但孙宏斌不同意。不但他不同意，部门里的年轻人都不同意。柳传志向大家解释，说我为什么要这样做。但部门的人就起来发难，说孙宏斌管我们，我们服气；他骂我们，我们听；他打我们，我们也乐意，其他部门来的经理就不行。他们还攻击柳传志，攻击“大船”文化，说：“公司报纸办得不好，凭什么不让我们部门办报纸？搞得很过分。”

柳传志是温和的指挥者，却也是个温和的铁腕人物。他现场宣布说：“大家都听我的。谁不听，自食其果。散会。”

控制权不可含糊……

说这个话的时候是星期六，接下来是星期天。星期天，年轻人精力过剩，又跑到一起聚会去了。也不知道哪个愣头青没头没脑说了几句话，说我们为什么要跟着柳传志干？我们账户里也有几千万资金，不如拿一点资金，自己玩。当然，孙宏斌自己没说这个话，也没参与这件事情。好了，第二天上班，他就发现公安局来人了，查账、封账，工作全部停止。柳传志开会宣布：孙宏斌停职检查。说是停职检查，马上有两个保安进来把他架出去，拖离现场。

当然，事后柳传志承认，这是不合法的，他没有权力把自己的部门经理拖离现场，还关到公司的一个研发基地隔离审查。然后公司开始查账，查到孙宏斌挪用资金 76 万。结果孙宏斌因挪用 76 万，迎来五年牢狱之灾。后面的事情也很有意思，孙宏斌说，自己在监狱里想来想去，竟发现柳传志是对的，因为如果他在柳传志的位置上，他也要这样管。哪有部门经理这样干的？企业怎么可以这样搞？因为他在监狱里帮监狱办报纸，表现很好，减刑一年半，三年多就出来了。当然，好多年后司法部门宣布孙宏斌无罪，当初的刑事判决无效，但牢已经坐完了。

在服刑期间，有一次监狱派孙宏斌出来采购，他打电话给柳传志，说柳总我想见你。柳传志一听，就和他到一家小酒馆喝酒去了。就这么两个人，一个还是犯人，一个是当年把他送进大牢的人。孙宏斌讲，柳总你是对的，我佩服你。柳传志也英雄，说：“孙宏斌，看来这辈子我和你是做不成同事了。但你跟谁都可以讲，我柳传志永远是你的朋友。”后来，孙宏斌放出来，第一件事就是找柳传志借钱。你不是说我们永远是朋友吗？柳传志借给他 50 万。孙宏斌揣着这 50 万跑到天津做房地产，以后就有了我们现在所说的顺驰房地产公司。

风平浪静不是好事

作为公司的总经理，作为公司的部门经理，大是大非要分清楚，一方面讲疑人不用，用人不疑，但是该管的时候也得管。

不断掺沙子（新人与老臣，空降兵与子弟兵）

在管理员工队伍的时候，风平浪静不是一件好事情。老是没有冲突，老是没有什么事情出来，就很难发现问题。那我们该怎么做呢？就是要不断掺沙子，要往员工队伍里不断掺沙子。

另外，在管理你的员工队伍的时候，我这里有几个建议：

多当裁判员，少当运动员

因为你是他们的头儿，你是他们的经理，你是他们的总经理，你要尽可能多做选择题，而不要做问答题。人家问你，总经理，您看这件事情怎么弄？不要直接告诉他该怎么弄，直接给答案的做法水平不高。水平高的做法应该是部门经理来问你：总经理，这个怎么弄？你把头转过来，眼睛看着他，嘴里不冷不热、不快不慢地吐出几个字：你说这件事情怎么弄？要你问他，让他回答。如果他说我还没想出来，那你说，没想出来，先回去好好想想。这样就行了。

关键是不要轻易去做问答题，要让下面的部门经理充分地做问答题，让他们想，然后由你做选择题：你这个方案好，我们按这个执行；你那个方案不错，我们按你那个想法做。你只有这样，多做裁判员，少做运动员，才能驾驭你的员工队伍。

长用者多批评，短用者多表彰

要注意这个分寸，你想让他跟着你好好干，干个十年八年，就需要多批评、多指正他。如果你看这个人不怎么样，明天就打算把他开掉，你何必批评他呢？你没有这个必要。短用者就不要批评他。

墨子有一个学生叫耕柱，墨子批评得最多。耕柱不服气，问墨子："老师您怎么老批评我？其他人怎么不批评？"墨子跟他讲："上山的时候，你看我是用一头牛拉着东西上山，还是用一匹马拉着东西上山？"耕柱讲："当然是用马。马能负重，能行千里。牛怎么可以呢？"墨子讲："那就对了。因为你是马，所以我要不断地敲打你，你才能跑千里。牛不可能上山的，我骂它有什么用？"就这么个意思。

小事糊涂，大事聪明

有句古话叫"水至清则无鱼，人至察则无徒"。小的事情不要斤斤计较。这一原则在管理上同样适用。太精明的人身边是容不下人的。做老板也好，做部门经理也好，太精明的人就是人精了，跟人精打交道，谁也不舒服。所以做管理的就要糊涂一点，小事糊涂，大事不糊涂就行了。

明松暗紧，控制于无形

对下面的人，表面上像弥勒佛一样，暗地里要铁算盘打得很紧。在这一点上，有些领导是很厉害的，控制于无形。你看他也不剑拔弩张的，但是下面那么多司令，那么多元帅，那么多谁谁谁，对他是真的五体投地了。控制于无形，这真的很重要！

人性的弱点：懒与贪

人性的弱点就是懒和贪，这是我们在管理工作中必须面对的问题。怎么办？

在运动中壮大

在企业里的岗位上，比如一个部门经理，任职时间最好不要超过四年、五年，要经常轮岗。轮岗能解决什么问题？能解决懒的问题。因为一个人在一个岗位上干的时间太长，如果干到三四年以上，没有新鲜感了，肯定会偷懒，也容易滋生腐败。所以要经常换岗、轮岗，要经常搞运动。人就是需要这样不断敲打、不断运动的。要充分认识到反腐败斗争的复杂性和艰巨性，在我们企业里就是这样。

制度是建立在对人不信任的假设上的

我们说制度要健全。就是说，制度也要与时俱进。发现某个问题，制度上就要有改变，就要跟上去。

人才流失：永远的痛

关于员工队伍管理，有一个人才流失的问题。对于人才流失，要有一个正确的判断。正确的判断就是没有流失是不可能的。健康的企业组织不是不换人，而是换掉该换掉的人；不是经常换人，而是该换人的时候换人；不是为了人事斗争而换人，而是为了有利于开展工作而换人；不是新官上任才换人，而是按照企业规章制度换人。换人不是企业某一时期的工作，而是企业必有的经常性的工作。换人不只是换老人，新人不合适也要尽快换掉。而优秀的老员工，不仅不能换，还应该嘉奖。

我们应该明白，人才流失是一个永远的痛。你不要期望我的人员不流失，我的企业好。错！这不是好事情。人才老不流失，可能是一潭死水，可能要丧失斗志，可能员工不想动了，在那儿混日子了。所以，一个有作为的管理者一定要让你的员工队伍显得生机勃勃，不断地换人。当然，换人也要有尺度。

CHAPTER 3

第三章
团队需要什么规则?

大家是一支球队，每个人对比赛结果都负责任；

谁也离不开谁，谁对谁都重要；

帮助伙伴就是帮助自己；

各司其职不代表漠视他人；

不与员工争利益，不与下级争权力；

不与同级争功劳，不与上级争荣誉。

现在我们来看团队规则的内容。在我们的工作中，经常会出现一些状况，比如，领导会说，我们的员工太不讲规矩，自以为是，一切想当然，按照自己的意愿去做事情。而员工又感觉到，企业怎么有那么多条条框框，那么多规矩？不要那么多的条条框框不可以吗？我们说：规矩很重要，规则很重要。这需要我们大家的认同。如果大家认识不到遵守规则的重要性，肯定会产生矛盾，产生冲突。

下面讲六个规则。

进入规则：人在江湖，身不由己

首先讲团队的进入规则。职场是什么？职场就是我们工作的场所。我们经常讲职业经理人，职业经理人是什么？就是在职场做管理工作的人。既然是工作的场所，和我们生活的其他场所肯定是不一样的。职场内外有什么区别？早上来上班，进入公司大门之前，你是社会上的一个人。一旦进入了公司的大门，你就是职场的人了。进了这扇门以后，内外有什么区别？区别很大。有很多时候，有一些人，员工也好，干部也好，不懂门里门外的区别。

简单来讲，可以从三个方面来讲区别。

第一是财务上的区别。比如金钱，你进入大门之前，你身上的钱都是自己的钱，你想怎么花就怎么花，你愿意花在哪个方面就花在哪个方面。但是你进大门以后，你碰到的钱可能就是公司的钱。公司的钱不是你想怎么花就怎么花，你愿意花在哪儿就花在哪儿的。你得按照规矩来办。这个钱能不能花要写申请；怎么花，花多少，都由领导来定，你万万不可以把公司的钱装到自己的腰包里。这就是内外的区别之一——财务。公司的东西再怎么好、再怎么坏，再怎么值钱、再怎么不值钱，你都不可以拿到自己家去。这是区别，这是一道门槛。

第二是时间上的区别。每个企业的作息时间是不一样的，有的可能工作六七个小时，有的是八个小时，甚至有的企业工作十个小时。既然时间已经规定了，它就是公司的时间，你不可以在这个时间里做私人的事情。这一点需要特别强调，你不可以在工作单位做自己的事情。

在过去的国有企业里，十几年，甚至二十几年前，经常会发现有一些职工上班时间干私活、织毛衣，甚至打牌、下棋。现在肯定是不行的，公司一个月花几千块钱买你的时间干吗？就是专门为公司做事情，不是为你自己做事情的。

第三是感情上的区别。在单位里，大家都是同事，这一点千万要搞清楚。生活当中你可以处朋友，可以处各种各样的关系，但是在工作场合要淡化感情。大家是做事情的，企业是一个组织，是一个经济组织。大家是为企业创造利润、创造效益的，而不是其他。不要把生活中的感情带到公司来，内外是有区别的。

具体地讲，比如到吃午饭时间了，有一些人打电话找人，今天中午到哪儿吃饭啊？这实际上是占用了公司的时间。上班时间怎么可以打私人的电话呢？

感情上同样如此。马上要到下班时间了，你的老公打电话给你："老婆，你看晚上想吃什么？吃红烧带鱼，还是红烧鲫鱼？"你一听心里高兴，老公关心我晚上吃红烧带鱼还是红烧鲫鱼，很高兴，就大声回答道："老公，我喜欢吃红烧鲫鱼。"

这是不懂规矩。上班时间是不能接听私人电话的，更不可以把私人的事情拿到公司来说。有的人说，"我没有用办公室的电话，我用自己的手机还不行吗？"手机也不行！手机打进来，我不能不接。要接的话也可以，怎么接？躲到一个没有人的角落里去接，不要在大庭广众之下接，不要被其他人看到。

因为这是职场，大家都在工作，你在那里讲私事会影响其他人的工作情绪。好，你这么一讲，旁边人听到了，会想：你老公对你这么好，我那个没良心的怎么不打电话来呢？我那个没良心的好像从来没有打过电话给我。她就开始想那个没良心的，她的工作还干得好吗？这叫干扰其他人的工作情绪。这就是职场内外的分别。

时间也好，感情也好，不要拿到工作中来。你有一个小情人，整天不断发短信、打电话给你。你跟你的小情人在电话里卿卿我我，高兴得不得了，旁边的看到心里就不平衡了。你有小情人，我怎么没有呢？老天爷不公平。是不是？工作还能干吗？干不下去了。这叫干扰其他人的工作情绪，缺乏公德心。

什么叫公德心？松下幸之助讲，“公德心就是不干扰其他人。”你的老公对你再好，你的小情人对你再好，这是你自己的事情，你不要来告诉我。你告诉我，就是缺乏公德心。

松下幸之助打了一个比方，我们家经济条件比较好，我们家的小孩吃的都是高级糖果，玩的都是高级玩具。我们邻居家也有一个小孩，两个小孩差不多大，经常在一起玩。邻居家的小孩看到我们家的小孩吃高级糖果、玩高级玩具，肯定回家跟他的爸爸妈妈要。可邻居小孩的爸爸妈妈没有那么好的经济条件，经济上不能承受。因为小孩子的要求得不到满足，势必造成家庭的不和谐。这就是缺乏公德心的表现。既然这样，我们要有公德心。在我们家小孩和他们家小孩一起玩的时候，尽可能把高级玩具、高级糖果收起来，不给对方造成影响。

职场也是这样，我们倡导在职场里是平平淡淡的工作关系，大家只谈工作。为什么上班的时候要求穿统一的工作服？为什么上班的时候要打统一的领带？为什么不允许自由散漫，想穿什么就穿什么？就是要倡导这种氛围，让大家明白，这是在干工作，而不是做其他事情。你不要随心所欲，要把工作和职场外面的事分开。这是第一个规则。

职位规则：君君，臣臣，父父，子子（认清自己很重要）

第二个规则是职位规则。就是在单位里，你在哪一个职位上。企业再大、再小，都可以分为三个层面——高级领导、中层干部、基层员工。再大的企业、再小的企业都可以这样分。既然我们分出了高层领导、中层干部、基层员工，就要各司其职。

这个职位规则非常重要，你不要弄不清职位。你不要去羡慕西方的企业多好，多民主，多自由，老总和员工之间可以拍拍肩膀，这在中国企业行不通。中国几千年来就是君君，臣臣，父父，子子。高层领导、中层干部、基层员工一定要把它分开。在中国企业必须要恪守职位观念，职位观念很重要。

有一些小企业，在打江山的时候，可能老总和员工关系很好。两个人一起出差，吃方便面；两个人一起在火车上挤卧铺；两个人一起去干什么干什么……这很正常。但是企业一旦做大了，总经理和员工之间就不能再这样亲密无间了。

“兄弟打天下，君臣坐天下。”一旦江山坐定，企业稍微有了一点规模，上下等级观念一定要分清楚。这叫君臣坐天下，君臣之礼是要讲的。

中国历史上有两个出身很苦的皇帝，一个是刘邦，还有一个是朱元璋，朱元璋比刘邦更苦。刘邦好歹还有家，老婆能种几亩地，日子混得下去。而朱元璋是真穷，穷得一塌糊涂，闹饥荒，出去要饭，做了四年的野和尚。他做野和尚也是迫不得已，是为了填饱肚子。后来江山打下来了，很多的大臣，很多原来跟从他的将领跟他一样都是苦出身。

就像徐达，后来朱元璋封他为魏国公，都是辛辛苦苦打过来的。江山坐定就不一样了。徐达有一个老婆叫王氏，朱元璋的老婆叫马皇后。有一天王氏跟马皇后在一起聊天，王氏说话有一点不注意分寸，她跟马皇后讲："当年你们老朱家很穷，我们老徐家也很穷。现在不一样了，你们老朱家做了皇帝，我们老徐家也不错，也很有钱了。"讲了这么一番话。当天晚上朱元璋派人把王氏杀了，没有杀徐达。有人说这是朱元璋敲山震虎，告诉徐达：过去我跟你之间是弟兄，一起打天下；现在你搞清楚，我是皇帝，我割你的脑袋，就像割韭菜一样痛快。还老朱家、老徐家呢？老朱家和老徐家不在一个档次上。

明朝是中国历史上比较黑暗的一个朝代。朱元璋用重刑，用得很残忍，杀功臣杀得鸡飞狗跳，杀到最后没有剩下几个。善始善终的大臣几乎没有。开国功臣，包括刘基，那么大本事的谋略家，被朱元璋搞得死去活来，最后忧郁而死。徐达也是，有一次朱元璋和徐达喝酒，喝得很厉害，徐达喝醉了，醉得一塌糊涂。朱元璋有意把徐达弄到皇宫里去，让他睡在自己的床上。也不知道是谁的床，反正宫里不是皇帝的床，就是皇后的床，不会有其他的床了。徐达酒醒了，一看不得了，自己睡在哪里？睡在皇宫了。他连忙爬起来，跪在地上磕头，请求朱元璋饶他不死。徐达说自己酒喝多了，不知道怎么到这儿来的。朱元璋以此来试探徐达。徐达也是很聪明的人，有一句话叫“朱元璋之心徐达尽知”，所以遇到这些事情，徐达都能大难不死。但是还有一种说法，徐达生病不能吃鹅，朱元璋就派人送了一只蒸鹅。徐达当然知道朱元璋的意思，但他没有办法，只能含泪一边吃鹅，一边哭，鹅吃完了，人也就死了。过去有这么一种说法。

我们讲这些，就是说，君臣之礼是要有的，中国几千年来都是有的，你改变不了。在企业里同样如此，不管是大企业，还是小企业，只要是中国的企业，五千年来的传统，你是不可能搞掉的。你幻想在中国的企业里按照西方企业的制度去干，按西方的管理思想去做，肯定是行不通的。要注意职位规则。

言归正传，分了高层领导、中层干部、基层员工，就要各司其职。

高层领导主要解决决策力问题，也就是说决定做什么。他们主要做三大决策：产业决策，决定做什么事情，做什么项目，做什么行业。人才决策，决定找什么人来做。还有制度决策，企业里大的规章制度，条条框框要有。高层领导，总经理、董事长就是解决决策力的问题。

我的上级是猫耶……

中层干部，解决执行力的问题。执行力是围绕高层制定的目标去实现。用什么办法执行？这是你自己的事情。

基层员工就是行动力。行动力是什么意思？只要不偷懒就行了，不裁掉我就行了。基层的员工很多都是和平型性格的人。和平型性格的人就像沙和尚，优点是本分、老实，你叫他干什么，他就干什么，兢兢业业，勤勤恳恳。但他的缺点是故步自封，缺乏风险意识和进取精神。对于基层员工，不要幻想让他们来忧国忧民，这是他们做不到的。对于基层员工，你只要知道他有行动力就行了。你布置任务让他去做，他不偷懒就可以了。所以，高层，中层，基层，每一层要有自己的定位，这就是职位规则。

每个人要做好自己的事情。我们说贵在识相。什么是识相？你要知道你自己是谁，不要越位。你是中层干部，不要去做员工的事情，也不要去做高层领导的事情。你把自己的事情做好就行了。这里我们特别强调“中层干部主要是执行力的问题”。执行力是什么？就是把事情做到位。我在很多企业讲课，人家问我执行力是什么？我说就是三个字：做到位。执行力就是做到位。做不到位就是没有执行力。没有原因，没有理由，就这个意思。

而中层干部在这个职位规则当中，有的时候还要注意起到的是承上启下的作用。要注意，承上启下不是上传下达。上传下达是什么？上传下达是老总说“一加一等于三”，你就对下面的人讲“一加一等于三”。

下面的人问:“一加一为什么等于三?”你说:“我也不知道,你问老总去。”这就是上传下达。克隆一下,复制一遍。而承上启下是什么?承上启下是老总说“一加一等于三”,你听过之后要先想一加一为什么等于三。想通了之后,你再跟下面讲“一加一等于三”。下面的人问你:“一加一为什么等于三?”你回答他:“一加一在算错的情况下等于三。”这就是承上启下。你自己要想通。说到底,执行力是对结果负责。说话要负责任,拿一个结果出来。

打一个比方,总经理说:“去年我们隔壁那家工厂,一场大火烧得光光的。火灾很可怕,我们无论如何不能失火。”作为中层干部,你要马上去安排一下。你可能会对下面讲,“各位听清楚了,不能失火!”这话刚讲完两天,一场大火把公司烧得光光的。总经理把你找过来,“张部长,我跟你讲不能失火,不能失火。这话讲了才两天,你就搞了一场大火出来。你什么意思?”你一听很委屈,“总经理,我跟他们讲了不要失火,不要失火,偏偏他们还要失火,我也不知道怎么回事。”这就是缺乏执行力的表现,这不是承上启下。也就是说,你确实是讲了,至于讲了有什么用,讲了有什么效果,你不管。这就是没有执行力。

执行力是什么?拿一个结果出来。总经理说:“去年我们邻居工厂,一场大火烧得光光的,我们不能失火。”你一听,说,总经理我明白了。你去给下面布置:“在座的各位听清楚:张三,你检查一下,我们的灭火器械是不是该更新。李四，你去跟消防官兵联系一下，今天晚上，明天晚上，安排两个晚上的消防方面的培训。王五，你去了解一下市场上最先进的电脑化喷水系统，如果需要我们去买一个，你做一个计划出来。接下来所有的人，看看我们公司可能存在的火灾隐患在哪儿，我们怎么对付它。”

这才是承上启下，这才是执行力。要拿一个结果出来，千万不要做没有执行力的事情！

我们有一些中层干部谈不上执行力。有的是欺上瞒下，在领导面前是一套，在下面又是一套。这跟我们的职位规则不符合了。有的人明哲保身，很滑头，很聪明，很懂谋略，他会说“我事情做不好，老板要骂我，下面的人也要骂我，两头受气。我与其两头受气，不如两面光。在领导面前做好人，在下面也做好人。”

怎么个做法呢？打个比方，有一天，总经理从你的车间门口经过，看到张三在车间里抽烟。总经理曾三令五申，车间里不允许抽烟。总经理看到张三还在里面抽烟，很生气，把你叫过来：“王主任，我跟你说过车间里不准抽烟。三分钟之前我从你车间门口经过，看到你车间的张三还在那儿抽烟。怎么回事？这样的人屡教不改，屡禁不止，还留在公司干什么？让他下午5点之前离开公司。”你一听：“好，总经理，我下午5点钟之前让他离开公司。”你把张三叫过来：“我怎么跟你说的？

你看看。你在什么地方抽烟不行？偏偏跑到车间里抽。你什么时候抽烟不行？偏偏等总经理来的时候抽。总经理说了，叫你下午 5 点钟之前离开公司，我也没有办法。”可以想象张三听了以后会是什么感觉。张三听了，恨不得拎着两把菜刀去找总经理拼命。而你呢？作为车间主任，你心里高兴得很，又解决了一个很棘手的问题。张三被干掉是总经理的事情，跟我没有关系。这不是承上启下。

职位规则，说到底就是各司其职，每个人都把自己职位上的事情做好。

指挥规则

在企业里还有一项指挥规则。这里我列了三条出来。

指挥规则一：服从是天职（与民主无关，与个性无关）

你要服从，首先你要听领导的。如果领导说“向东”，你说“不，我要向西”，那么你不是一个好下属。服从很重要，不服从怎么会有战斗力、执行力呢？假如领导的决策和你的意愿相违背，你的想法跟领导的决策之间有差距，首先是服从，然后才是对上表达意见。你不能因为他的决策和我的想法有距离，就不去做，这是不对的。首先要去做，服从的同时，向上表达自己的意愿，请示领导这样做行不行，那样做可以不可以。首先要服从，服从是天职。军人服从是天职，企业的员工也是这样，不服从肯定是不行的。

指挥规则二：只有一个上级（避免谁都管，又谁都不管）

在企业里最好是我听谁的，谁就是我的老板。在外资企业里通常是这样讲的：比如他是生产部经理，你是车间主任，生产部经理就是车间主任的老板。与外资企业不同，在我们中国企业里，有的时候习惯上把老板当成大老板，只有公司董事长才有资格叫大老板，才是我们的老板，其他人都不叫老板。这只是说法上有一点差异。我们在这里明确一个概念：只有一个上级。在单位里最好是我归谁管就听谁的，他是我的上级，他就是我的老板。就是这个意思，不要多头管理，不要谁都管，又谁都不管。要明确只有一个上级。你是我的下级，你只听我的，不要听其他人的。这就是指挥规则。谁都管谁，谁都不管，肯定管不好。

有个笑话，说有个七八岁的小男孩买了一条裤子，可是买回来以后发现长了一截。他去找他的奶奶，说："奶奶，我的裤子长了一截，你能不能帮我剪掉？"奶奶正在打麻将，说："我现在没空，去吧。"小男孩一看奶奶不管他，去找他的妈妈，说："妈妈，我的裤子长了一截，你能不能帮我剪掉？"妈妈说："去，我有事呢。马上有个客人来，我要跟客人谈话。去吧。"小男孩一看妈妈也不管，又去找他的姐姐："姐姐，我的裤子长了一截，能不能帮我剪掉？"姐姐说："我约了男朋友，马上要出门，没空。算了，走吧。"小男孩一看，奶奶不管，妈妈不管，姐姐不管，算了，没人管就算了。他把裤子往床边一揉，就睡觉了。

可惜，只能
有一个上级……
项羽
刘邦

天晚了，家里人陆陆续续都回来了。奶奶先回来了，她想，孙子的裤子长了一截，我要把它剪掉。睡觉了不能开灯，不能影响孙子睡觉。奶奶拿起剪刀，咔嚓把它剪掉了。紧接着妈妈回来了，妈妈想，儿子今天说裤子长了一截，估计是这么多。她拿起剪刀，又剪了一剪子。姐姐在外边谈恋爱谈得天昏地暗的，最后回来，想到弟弟的请求，拿起弟弟的裤子，看也没看，动手就剪。第二天，小男孩把这条裤子拎起来一看，怎么变成裤衩了？

这是很典型的例子。奶奶不管，妈妈不管，姐姐不管，这件事情不能解决。但后来奶奶管了，妈妈也管了，姐姐也管了，管出什么结果来了？管出坏结果来了。所以，只有一个上级，只认一个头儿，不要多头管理。不要没人管，也不能人人都管。

指挥规则三：可越级检查，但不可越级指挥；可越级申诉，但不可越级报告

无论企业大小，作为老板、董事长、总经理，你的职位很高，你可以越级检查，检查看门的、烧饭的、扫地的都没问题。检查没问题，但是最好不要越级指挥。越级指挥是不可以的，越级指挥会制造混乱。

因为你官大，你跑到哪儿去都是一通指手画脚，我是你的员工，我听谁的？我听我车间主任的？听生产部经理的？听副总的？听董事长的？听谁的？是不是谁的官大，我就听谁的？对员工来讲，当然是听官大的。但对管理者来说，这样做绝对不可以。那还得了？不如你董事长一个人管了。

从企业秩序的角度来讲，不可以越级指挥，只可以越级检查。你检查到有不对的地方，怎么办？比如门卫老是在那儿边看门边打瞌睡，边看门，边在那儿干别的事。你看到了之后，回来跟归你指挥的那个人讲，没有必要去跟门卫讲。我认识一个领导，他对我讲："我从来不乱管。那我怎么管？我去跟我的副总讲，看门的那个人不像话。他看门时怎么老是趴在桌子上睡觉？我跟副总讲就行了。如果我再从那个地方经过，发现还是那个老头，还在那儿睡觉，那我马上要跟副总生气了。我说'假如你不愿意管这个看门的，我来直接管好不好？'"就这么简单。当然副总也不可能直接去管看门的。副总可能会管保卫科长，保卫科长再去管那个看门的老头，一级一级这样管下去才对。企业应该是这样的秩序。从反方向说，可越级申诉，但不能越级报告。

在企业里，每个员工都知道自己的直管上司是谁，自己的老板是谁。你有事情要向直管上司负责，向他汇报。可越级申诉，但不能越级报告。

什么叫越级报告？就是避开自己的直管上司，跨一级上去。比如我是车间主任，应该归生产部经理管，但是，我今天把他晾在旁边了，直奔总经理办公室，直接向老总汇报工作。这就不对，我们不倡导这种风气，此风不可长。为什么？因为如果允许这种风气存在，会造成很大的混乱。

如果谁都可以往总经理办公室跑，不跑白不跑，谁不跑啊？这个公司里当然总经理说了算，要想办成事，就比谁往总经理办公室跑得快、跑得多、跑得勤。把总经理的马屁拍好了，我不就上去了？但这样做企业非乱套不可，绝不能纵容这种风气。你有事情，要去跟你的直管领导讲。

但是，你可以越级申诉。申诉是什么意思？申诉就是你在这个岗位上，你的直接领导和你之间爆发比较大的冲突，你的直接领导可能对你不公平，可能犯了严重的决策错误，存在严重的经济问题。因为这件事情已经不是你跟直管领导沟通的问题，你去举报，去申诉，是可以的。这是应该由总经理解决的问题。可越级申诉，但不能越级报告。

这是我们从企业正常管理的条条框框来讲，应该是这样，理想状态应该是这样。要服从，只有一个上级，可越级检查，但不要越级指挥，可越级申诉，但不能越级报告。

我再说一句，不要死搬教条。上面讲的是规则，这是秩序，是健康的秩序，但是不要死搬教条。为什么？因为我们很多中小型企业里，按照这四条规则去做，做不通。

比如可以越级检查，但不要越级指挥。一个很小的企业只有十几个人，三五十人，让总经理只检查，不指挥，可以吗？恐怕很难做到。另外，是不是可以越级申诉，但不能越级报告，企业管理就很好了呢？恐怕也不见得。总经理心里还有个小算盘呢，他嘴上说有事跟你们的直管领导讲，不要随随便便往我办公室跑，但他心里在想什么？实际上，他巴不得人人都往他的办公室跑，“如果大家都不往我办公室跑，那你们每天做了什么事情，我不知道，这还怎么得了？”所以他巴不得有人往他办公室跑。这是他私下的想法，不能在公开场合讲的。我们要辩证地看这件事情，但是要客观地放到你的企业中去。究竟是什么情况，要注意客观情况。

绩效规则：只讲功劳，不讲苦劳

绩效规则在企业里是非常重要的。在企业里干事情，究竟干出什么成果要通过绩效规则体现出来。绩效规则就是检查你为企业做成什么事情。

绩效规则中最重要的原则是：只讲功劳，不讲苦劳。你有没有为企业创造效益？有没有做出贡献？这很重要。至于你有没有做事情不重要，过程怎么样不重要。重要的是你为企业带来了什么效益，有没有为企业创造利润，或者说有没有为企业的利润提供服务。只讲功劳，不讲苦劳。首先是效果，然后是效率，这才是绩效考核。

很多企业都在搞绩效考核，但是每个企业的考核方法不太一样。我见过太多的企业，真的是各有各的搞法，不能一概而论，说谁搞得对，谁搞得错。在这里我提几点建议，对员工进行考核或对经理进行考核的时候，要抓住重点，考核的要素不要超过六至八项。否则重点太多，等于没有重点。你考核的东西太多，员工会束手束脚，不知所措，不知道该做什么事情了。再重要的工作，反正也就那六至八项，能把它拎出来就不错了。

一切凭数字说话

你想要销售额，你就考核销售额；你要产量，你就考核产量；你要成本，你就考核成本；你要新客户开发，你就考核新客户开发。反正你想要什么，就考核什么，一定要围绕你想要的东西去考核，你不要的东西就不要去考核。上班迟到、早退之类的不是企业工作的重点，没必要搞得那么隆重。

考核要素，说到底是要把效果体现出来。要奉行重点主义。林彪讲话不多，但是说话言简意赅，他知道重点在哪儿。平时他沉默寡言，但是不说话则已，一说话就很有分量。延安有个中国人民抗日军事政治大学，他做过抗大的校长。在延安讲课的时候，所有的干部在下面准备好笔记本，在那儿记。林彪上来了，讲马列主义，他说马列主义是个什么东西？很简单，资本主义让少数人发财，马列主义让所有的人都发财。讲完就下去了，就这一句话。

1948 年 10 月四野打塔山阻击战的时候，人员伤亡很大，二兵团司令员程子华打电话报告:“林总，不得了，伤亡太大了!”林彪对报务员这样说:“告诉程子华，我只要塔山，不要伤亡的数字，你能把塔山守住就行了。”

再说到辽西追击战，下面的部队又汇报了，说:“现在建制全打乱了，你是这个纵队的，他是那个纵队的，全部打乱了，指挥都不灵了，不知道自己人在哪里。”下面的人发电报来请示林彪，林彪说建制乱不乱我不管，我只要抓住廖耀湘。什么意思?你们乱就乱吧，关我屁事?只要把廖耀湘找到就行了。他只要一个重点，其他的什么都不管。

20世纪60年代，越南抗美救国，当时越南的领导人来请教林彪，问我们怎么打?林彪就说了一个字“熬”。熬到头就行了。越南领导人怎么想也想不通，熬是个啥玩意?林彪说的这一个字很有意思，所谓熬，就是要你拖垮美国，美国到最后肯定是打不下去的。就这么一个字，重点主义，只要抓住一个重点就行。

考核周期要长短有别

另外，对员工进行绩效考核的周期问题要注意。过去有一些企业考核周期太长，现在我又发现一些企业有问题了，不管大企业、小企业，都是从上到下一刀切，每个月考核一次。这恐怕也有问题，为什么?因为从上到下每个人的工作内容跟我们企业经营管理效益的关联度是不一样的。岗位重要性不同，考核周期相同，行不行?好像不行。应该根据岗位的重要性，根据岗位的管理幅度，或者说根据岗位与企业经营管理效益的关联度来确定不同的考核周期。越往上考核周期越长，越往下考核周期越短，因为越往上务虚的工作越多。

我经常讲，公司的高层领导、董事长、总经理是务虚的，中层干部是一边务虚一边务实，而基层员工是务实的，尤其是企业做大了以后。我觉得考核周期应该是这样的：越务实的考核周期越短，越务虚的考核周期越长。比如，副总一个季度考核一次，中层干部每个月考核一次，车间主任、销售办事处主任每个星期考核一次，基层员工每天考核一次，越往下考核周期越短。只有缩短了下面的考核周期，控制了过程，才能控制结果。你不能控制过程，怎么能控制结果？对务实的人就是要控制他的过程，通过控制过程控制结果。

打个比方，家里小孩子上学，家长平时不管他，期中考试考得不好，妈妈生气，生气就打，我们称之为女子单打；到了期末考试，考得又不好，爸爸妈妈都生气，两个人一起打，我们叫男女混合双打。双打打过之后，孩子成绩好了，可时间一长成绩还是不好。为什么？考核周期太长了。家长要缩短考核周期，每个星期都来看他，看孩子用功不用功。不用功妈妈上，女子单打。两个星期后再看，如果孩子还不用功，爸爸妈妈一起上，男女混合双打。缩短了考核周期，就能确保孩子期中考试、期末考试考出个好成绩。所以，关于绩效考核的问题，要抓住两点：第一是重点，抓住想要的重点；第二是考核周期。把这两个要点弄好。

考核很重要。“开会不落实等于零，落实不检查等于零，检查没效果等于零。”这是我和一家江苏企业的人力资源部部长交流的时候，他传授给我的经验。

“开会不落实等于零。”不要高估员工的工作积极性，开完会就要去抓落实，要他去做，明确做，合理做。“落实不检查等于零。”落实了，他去做了，但如果你不检查，照样等于零。员工只会做你检查的事情，不会做你期望的事情。所以绩效考核很重要。绩效考核是什么？说到底就是检查。“检查没效果等于零。”什么意思？考核以后不公布结果，不对大家有个说法，做好的人不奖励，做不好的人不惩罚，不就是检查没有效果吗？检查没有效果，到最后还是等于零。所以，把这三个等于零落实到位，事实上就是绩效考核。

薪酬规则：可替代性决定薪水

薪酬规则就是我们拿薪水的规矩。在企业里，薪水应该是由几个部分组成的。

第一部分是基本工资。我个人的看法是只可以水涨船高，只可以做加法，不可以做减法。基本工资只可以往上递升，不可以往下降。而且基本工资这一块，他只要还是企业的员工，企业再怎么经营得不行，砸锅卖铁都应该给他发。

第二部分是绩效奖金。绩效奖金可以是灵活的，公司效益好，奖金就多一点。员工这个月干得很努力，绩效奖金多发一点。绩效奖金可以是零，也可以是非常大。绩效奖金是用来调整的，而基本工资是死的，是不能动的。

第三部分是非货币福利，就是不算成钱的那一部分。比如带薪休假，端午节、重阳节、中秋节发一点福利，安排大家旅游，让大家参加培训，等等，都可以叫作非货币福利。把五险一金算进去也行。

所以，每个员工在企业里拿薪水，不要老看到我才拿了多少钱，实际上企业为你支付的是这三大块：基本工资，绩效奖金，还有非货币福利。

那么薪酬究竟该怎么发？我提出一个原则：一般来说，企业给每个人发薪水，从严格意义上讲应该是给每个岗位发薪水，而不是给每个人发薪水。我们经常在生活中说，“张三这个月拿多少钱，李四在那个单位拿多少钱。”严格意义上说，在不同的岗位上，应该拿的薪水是不一样的。而在我们生活当中，有一些模糊的概念。

岗位不同，拿的薪水不同，那么岗位的薪水由什么决定呢？我认为岗位的薪水应该由这个岗位的可替代性决定。说到底就是岗位价值。看这个岗位能做的人多不多，如果这个岗位能做的人很多，薪水就要低；如果这个岗位能做的人少，薪水就要高。这是可替代性的问题。

比如销售部经理，这个岗位值多少钱，要看能够做这个经理的人多不多。如果这个销售部经理的岗位要求是销售额起码要做到8000万，而在公司里其他人来做销售部经理，都完不成这个数，只有张三能完成8000万，这个销售部经理的岗位就比其他销售值钱，张三拿的薪水就要高。为什么？不服你去做，你有本事做吗？你又完不成8000万，说明你没有资格做。所以张三的薪水高，你不要眼红，有本事你也去做。

再比如技术总监，技术总监要解决这么复杂的技术问题，没有两把刷子是不行的。如果只有李四能做，因为一将难求，给他的薪水要高。这个岗位的可替代性太差，几乎没有可替代性，李四的薪水就高了。

打扫卫生的就不一样了，张三不扫，李四扫，李四不扫，王五扫，劳动力市场上一大把的人都会扫地。扫地的可替代性太强了，因为可替代性太强，扫地的工资就2000块钱，干就干，不干走人，有的是人来干。它的可替代性太强，所以薪水低。

在企业里不要抱怨自己薪水低，你有本事去做那个可替代性差的，几乎没有人可替代的工作，你的薪水自然上去了。如果你干的工作是谁都可以替代的，还发什么牢骚，讲什么怪话呢？你不干，有人来干。关于薪水的问题，自己要清楚是怎么回事。有本事就提升自己的才干，提升自己的附加值，努力让自己做到不可替代，或者说可替代性比较差，你的薪水自然而然就上去了。我认为企业里薪水就是这样发的。

当然了，薪水发放的技巧有很多，每个企业有不同的做法，有的企业还保密。为什么采取工资保密呢？就是为了防止互相攀比，闹得不愉快。“我做的事情比他多，我怎么拿的薪水还少？”为了防止出现事端，许多企业都采取工资保密，不告诉员工谁拿多少，每个人一张卡，每个月自己到卡上去看。有的人可能不赞同，认为薪水保密反而会造成窝里斗，互相猜疑，还不如告诉大家：你努力干，薪水就会上去，不努力，薪水就这么低。公说公有理，婆说婆有理。管理上的东西没有定论，管理没有最好的办法，只要能够推动企业发展，就是好办法。

总的来说，薪酬规则跟资历、学历、年龄、工龄、经验、家境、能源、社会关系统统无关。意思是说，你的资历、学历、年龄仅仅是构成你就任某个岗位的条件之一。你达到这个条件，才能就任那个岗位，达不到这个条件，就不能就任那个岗位。你就任岗位以后，再拿那一份薪水，就这么一个意思。

合作规则：大家是一支球队，每个人都对比赛的结果负责

最后还有一个规则，合作规则。大家是一支球队，每个人都对比赛结果负责合作规则。企业既有搞生产的，也有搞销售的；既有搞人力资

源的，也有搞财务的；既有搞后勤的，也有搞行政的，也有搞技术研发的。不同岗位的人聚在一起，在一个团队里，大家就是合作。不合作，没有合作精神，没有合作规则，肯定是不行的。日本的某个企业曾提出一个概念，工作就是合作。可想而知，合作很重要。

一般企业会倡导合作，不太倡导英雄主义。个人英雄主义会扼杀团队。有一个故事，说一只兔子坐在山洞门口打字。跑过来一只狐狸，它看见小兔子就气势汹汹地说："我要吃掉你，我今天中午饭还没吃呢。"小兔子说："吃我吗？该给你吃的肯定给你吃，让我把这篇论文写完了，你再吃我也不迟。"狐狸想，写什么论文？它一看兔子写的论文题目，是《论兔子为什么比狐狸更强大》。狐狸觉得奇怪："怎么可能呢？你这只小兔子比我还强大？不可能。"兔子说，"如果你不相信，我证明给你看。"怎么证明？"来，你跟我进去。"小兔子把狐狸带到山洞里。进山洞的时间不长，小兔子出来了，狐狸没出来。

小兔子继续在那儿打字。又有一只狼过来了，狼也是气势汹汹："我今天饭还没吃，我要把你吃了。"兔子又讲了："该你吃的肯定给你吃，等我把这篇论文写完，你再吃我也不迟。"写什么论文？《论兔子为什么比狼更强大》。狼一听："怎么可能呢？你比我还强大？不信。""不信？不信我证明给你看，你跟我进去。"狼也跟着兔子进了山洞。进去时间不长，狼没出来，出来了两只动物，一只是兔子，一只是狮子。狮子打着饱嗝，兔子啃着一根小骨头。狮子对兔子讲：“今天我们合作得非常愉快。我吃饱了，你也吃得不错。”是怎么回事呢？兔子跟狮子在合作，合作就战胜了一只狐狸和一只狼。

企业里也是这回事。现在我们倡导“打群架”，在第一章就说到这个问题。一个企业多厉害不是靠一个老板，不是靠一个销售部经理，是靠大家一起上的。要有打群架的思想，但是仅仅如此是不够的，还需要团队合作精神。

有人讲美国人喜欢打桥牌，日本人喜欢下围棋，中国人喜欢打麻将。打麻将就是一种典型的不合作运动。麻将怎么打？有没有人打麻将的时候说“我跟你合作一把”？没有。打麻将有三个字的要诀，盯住对家，关住下家，跟住上家，叫“盯、关、跟”。把这三个字搞定就行了。只要我不和牌，我坚决不让你们谁和牌。要和牌得我和，大家都不和没关系，怎么可以你先和呢？这就是典型的不合作态度，不合作精神。

联系到企业，表现形式就千奇百怪了：不发奖金，大家一点问题没有。发奖金了，就会出现攀比，你怎么可以比我多五毛钱？为这五毛钱可能打得天翻地覆。团队的合作规则是很重要的。为什么企业倡导做拓展训练，做各种各样的团队训练？要倡导一种合作的氛围，让大家多一种合作的理念。

大家是一支球队，每个人对比赛结果都负责任；

谁也离不开谁，谁对谁都重要；

帮助伙伴就是帮助自己；

各司其职不代表漠视他人；

不与员工争利益，不与下级争权力；

不与同级争功劳，不与上级争荣誉。

以上就是我们讲的企业中的规则，包括进入规则、职场规则、指挥规则、绩效规则、薪酬规则、合作规则。

4

CHAPTER

第四章

团队冲突怎么解决?

积极冲突是财富，起到预警、激发和改良的作用；

消极冲突是祸患，消耗资源，降低效率，破坏士气。

现在我们来看团队冲突的内容。团队冲突是企业在发展中永远回避不了、绕不过去的一个难关。这道门槛必须要跨，这个问题必须要解决，而且会永远存在。只要企业发展，就会存在这个问题。不要去想把团队冲突解决掉，这个冲突解决掉了，下一个冲突又会来。假如有一天你的企业没有冲突了，可以很高兴地告诉你，你的企业已经死了，或者即将死了。

团队不能没有冲突

一个发展中的企业是不可能没有冲突的。对冲突的认识要从两方面来看：有的冲突是必须要的，我们希望每天都会发生的，我们称之为良性冲突。它能够有效地暴露企业发生的一些问题，有效地促使我们来解决这些问题。但是有一些冲突是没有必要产生的，会降低我们的生产力，消耗我们的资源。要分清楚是良性冲突还是恶性冲突。

良性冲突是财富，起到预警、激发和改良的作用

在我看来，良性冲突与道德无关。良性冲突的出发点是好的，是想把这件事情做成，没有个人的私心，没有个人的目的在里面。所以良性冲突与道德水准没有关系。

不要说爆发冲突了，就要搞清楚冲突的双方哪一个是好人，哪一个是坏人。事实上，有时发生冲突的双方都是好人。这就是良性冲突。不

要用“非黑即白”的标准来辨别。以为两个人打架，肯定有一个是坏的，有一个是好的，不是那么一回事。

中国历史上有很多冲突是这样的。宋神宗在位的时候，有一位著名的改革家叫王安石。他和谁在斗争，和谁爆发了冲突呢？司马光。一派以王安石为首，另外一派以司马光为首。有一些历史学家认为，或者说我们当初上学学历史的时候，产生了这样一种印象，好像王安石是改革派，司马光是顽固派、保守派。但我们现在回过头来看，不见得这两个人一个是改革派，一个是保守派。但是不管怎么说，这两个人都不是坏人。怎么说两个人都不是坏人？首先从道德水准来看，王安石很勤俭，很节省，司马光也非常的俭朴，不崇尚奢靡，两个人生活都很清廉。王安石不贪污、不腐败，司马光也是两袖清风。从文学水准来看，王安石是唐宋八大家之一，散文写得好。司马光也不赖，他写了一部《资治通鉴》。一个学富五车，一个才高八斗。两个人在文学领域都是领军人物。从为国为民的角度讲，他们同朝为官。从为官的角度看，会发现王安石是大刀阔斧，不管前面是刀山火海，还是万丈深渊，都勇往直前。王安石就是这种人，他是为民造福。老百姓、国库没有银子了，他着急，他一着急就跟皇帝讲，我们要变法，我们要改变政策，我们要如何如何……他是为国家着想。而司马光也是忧国忧民，他也不是整天闲着没事儿，到处晃悠，或者出去公款消费。他也为国家做了很多事情，整天在想如何让国家更富裕，如何让老百姓的口袋更鼓一点。所以这两个人虽然斗到最后都没有好下场：王安石是忧郁而死，为所谓的改革，把儿子的性命都赔上了；司马光到最后也没赢，皇帝向全国颁发诏书说他是坏人，弄得灰头土脸。但甭管怎么说，他们的出发点是好的，没有自己的私心。这就是良性冲突。这样的良性冲突就应该发生。事实上经过王安石改革，国库里的钱多了很多。

在我们的企业里，良性冲突是应该有的。比如，销售部说生产部太不像话，生产出来的东西质量不行，导致客户投诉增加，销售工作难以开展。销售部发牢骚是正确的，销售部不发这个牢骚，生产部还以为自己很了不起，以为自己整天工作，做得多伟大。有了销售部发的这个牢骚，生产部就要改进，就得改良，想想该怎么进步。像这样的牢骚应该发，这就是良性冲突。

恶性冲突是祸患，消耗资源，降低效率，破坏士气

那么恶性冲突是什么？恶性冲突就是我们在历史上经常看到的所谓的忠臣与奸臣之间的斗争，或者是所谓的狗咬狗的斗争。恶性冲突的特征是为了私利不择手段。

不要以为只有自己最重要

我们在这里讲冲突主要是为防止或避免恶性冲突的发生，良性冲突就少谈一点，因为良性冲突相对来说是好事情。我们现在面临的问题是，企业里有很多恶性冲突，占用了我们大量的时间，占用了大量的资源，导致效率降低，甚至没有效益。我觉得在讨论冲突之前，必须先确立一个前提，即无论是良性冲突，还是恶性冲突，冲突的双方首先必须遵守一个规则义务。什么规则？不要以为只有自己最重要。

我们一直都在讲团队。什么叫团队？我给团队下的定义是“谁也离不开谁，谁对谁都很重要”。要把这两句话当作团队的定义，我在很多企业都是这样讲的。团队非常抽象，也非常具体。“谁也离不开谁，谁对谁都很重要”的一群人就叫团队。

如果在企业里，你是一个团队成员，不要以为只有自己最重要。不管你在哪个岗位上，不管你是搞生产的，还是跑销售的，管人力资源的，还是干财务的，搞行政的还是管后勤的，搞技术研发的，还是搞生产检验的，甭管你干什么，不要以为只有自己最重要。

而事实上，在企业里，恶性冲突在很大程度上来源于一部分人总以为自己是老大，看不惯其他人，看到其他人就生气，总以为自己很了不起。

搞生产的人以为自己是老大：“没有我们搞生产的人，哪有产品？没有产品，企业还有存在的必要吗？我们生产部是老大哥，你们都是小弟弟，你们看到我就应该尊敬一点。你们搞销售的有什么了不起？油嘴滑舌的，只会陪客户喝喝酒，一点本事没有。我们不把产品搞出来，你去卖啥呀？”生产人员看不起其他人。

冲突是美丽的……

搞销售的人也不服气："搞生产的有什么了不起?搞生产不就是干死活吗?那是傻子都会干的，有本事你去卖卖看。你们的工资、奖金从哪儿来的?是我们销售人员从外面挣回来的。是我们在养活你们，谁养活谁的问题还没有搞清楚，神气什么?"销售人员也认为自己很了不起。

人力资源部也会说："我们才是了不起的部门。企业要发展，员工队伍的素质怎么才能提高?多亏了我们人力资源部经常请老师来给你们上课，你们的素质才得以提升。没有我们人力资源部，就凭你们这帮人，企业能发展到什么地步?"人力资源部也有自己骄傲的理由。

搞财务的人一般都是文质彬彬的，知书达理。搞财务的人戴个眼镜，看起来很谦虚，好像文人似的，骨子里也骄傲："你们这些搞生产、搞销售的人，头脑简单，四肢发达。公司的命脉是什么?公司的命脉是利润，是财务。企业的命脉控制在谁的手上?在你们手上吗?你们手上有钱吗?没有。只有我们有。我们笔底下画画，利润就出来了。财务才是企业真正的核心。"财务也张狂，也很了不起。

还有一些技术官僚更是看不起其他人："没有我搞技术，你们卖什么?没有我们技术领先，企业哪来的优势?技术是第一核心竞争力。"他认为所有的人都要围绕技术转。

联想集团在发展的过程中有过柳倪之争，这是中国企业发展史上一场很著名的纷争，实际上是工程师和总经理之争。倪光南是总工程师，技术非常过硬，是个技术权威，还是中国工程院院士。他的主导思想是一切服从我的技术。没有我搞技术的，你们在市场上怎么搞？而柳传志的思想是什么？是总经理管天下。总经理不管好公司，怎么行？总不能让总工程师来领导吧？所以柳倪之争根本上是总工程师和总经理之间的斗争。

当然斗争到最后，中科院的领导认识到一点，像倪光南这样的总工程师可以有很多，柳传志这样的企业家太少了。所以在当时的社会经济环境中，中科院的领导拍板保柳传志，联想才发展到现在。

所以，冲突双方的第一个义务就是不要以为只有自己最重要。

让对方把话说完

第二点是让对方把话讲完。你可以不同意对方的观点，但是你必须积极维护他发表观点的权利。你可以不同意他的见解，但是你必须积极维护他发表见解的自由。让对方把话讲完。这是最起码的涵养问题。

具体来讲，企业里的冲突可以分成几种形式。一种是对上冲突：作为一个部门经理，自己的意见和领导的意见不一致的时候，应该怎么解决？第二种是对下冲突：下面的人不听话、不买账，无法实现领导的意愿，导致对下冲突。第三种是左右冲突：我是部门经理，他也是部门经理，我们在相同的水平线上，你可以不买我的账，我也可以不听你的话。但是我们之间必须要合作，必然要产生冲突。在企业里，大致可划分为几种类型：对上冲突、对下冲突、左右冲突。

对上冲突：方式比内容更重要

首先讲对上冲突。我认为对上冲突“方式比内容更重要”。这话怎么讲？有的人可能不太理解，对于冲突，怎么会方式比内容更重要呢？

我们讲团队的规则，讲到一条要服从。作为下级，你必须服从你的领导。领导是指挥你做事情的人，不服从他还得了？所以你首先必须服从他。但服从并不代表你的想法和他的想法一致，也不说明他的意见一定比你的意见高明。如果你的意见和他的意见不一致，怎么办？我的观点是，有意见首先要服从，但也要讲。怎么讲，用什么方式讲，一定要考虑清楚。正是从这个角度讲，方式比内容更重要。提意见的方式值得我们研究。如果你一时无法理解领导的意图，就不服从领导的指挥，越俎代庖，或者擅自做出某个决定，必然导致领导更大的不愉快，冲突就会爆发，爆发之后谁倒霉？肯定是你倒霉。所以，冲突的方式比内容更重要。

读懂规则：岳飞是怎么死的

岳飞是怎么死的？我们在杭州西湖边上，能看到岳飞墓旁边跪着几个铁像，其中就有秦桧夫妇俩。很多游人看到秦桧跪在那里，就去吐唾沫，就去骂：“这个卖国贼，杀害忠良。你怎么可以把岳飞害死了？岳飞是多好的一个人。”很多人都这样骂。

但杀岳飞的是不是秦桧？下令的可能是他，但真正的后台恐怕不是。岳飞值得赞扬，有勇有谋，打得很勇敢，真的很厉害。但是他有两个不讨人喜欢的地方。当然不是不讨老百姓喜欢，老百姓是很喜欢他的。那首《满江红》读起来真是酣畅淋漓。可是岳飞没有得到领导的喜欢。岳飞的领导是谁？宋高宗赵构。问题是皇帝不喜欢岳飞，跟领导关系没搞好，到最后就是这个下场了。岳飞是谁杀的？是领导杀的。

为什么这么讲？岳飞提出一个口号，叫“直捣黄龙府，迎接二圣归朝”。要打到金国的都城去，把徽钦二帝迎回来。麻烦就大了，“直捣黄龙府，迎接二圣归朝”这个口号是谁叫岳飞喊的？老百姓听到这个口号喜不喜欢？老百姓听到这个口号太高兴了。“金人太野蛮了，要打要打，保家卫国，把我们的皇帝迎回来。”老百姓是拥护，但是现在的皇帝听到以后喜不喜欢？这里就有问题了，岳飞提出这个口号，有没有上报给朝廷？朝廷有没有研究？对岳飞的口号有没有明确的答复？有没有告诉岳飞可以喊这个口号？岳飞说要直捣黄龙府，把二圣迎回来，两个老皇帝回来了，现在的皇帝怎么办？把当今圣上放到什么位置？大家都可以思考一下，假如你是皇帝，你是赵构，你同不同意这个观点？这是第一个问题，很要命的一个问题。

第二件事情，岳飞依仗着自己功劳大，动不动跟皇帝讲，说你要早一点立储。立储什么意思?就是把太子确定下来,万一你死掉了,好有人来做皇帝。他一而再,再而三地讲。

刚开始讲,赵构不怎么放在心上,可架不住岳飞老讲。当然,岳飞的出发点是好的。因为国家不怎么稳定,战场的局势无可控制,万一真出现意外,我们还有一个新的小皇帝在那儿预备着,国家不至于出现大的动荡,因为国不可一日无君。但是岳飞要替皇帝想想,我是皇帝,你老是叫我立太子,什么意思?我为什么要立太子?我这个皇帝还没当够,你巴不得我早死,巴不得拥立一个新皇帝。这能不招恨吗?

就这么两件事情,岳飞的顶头上司看在眼里,记在心上,他怎么想?所以,岳飞表面上是秦桧杀的,是谁让秦桧杀的?傻子都能想明白,肯定跟皇帝有关系。起码皇帝是睁一只眼闭一只眼,如果不是他默许,秦桧不敢做这样的事情。他不过是执行领导交办的一件公务,并不是他真的跟岳飞有什么过节。

这里涉及一个问题,要读懂规则。什么规则?不该打听的事情不要打听,不该问的问题不要问。领导在他的位置上一定有他的思考方式,你不要越俎代庖,闹得领导很不开心。有的时候不要以为自己是谁,真的可以去横加指责;不要真的以为自己很重要,对什么都可以指手画脚。你这样一搞,领导很不高兴的。这就是对上冲突。你要掂量掂量自己是谁?

我们在企业里经常听到一句话:“要把企业当作自己的家,把自己分内的事情做好。”各位，我们的老板是不是经常讲这句话？我们听了这句话，感到很激动，老板叫我把企业当作自己的家。其实是要你只看后面一句话，前面一句话不必太当真。把自己分内的工作做好，就是把企业当作自己的家了。如果你只盯住前面一句话，肯定要出问题。前面一句话是什么？要把企业当作自己的家。如果你一听这话就热血沸腾，想当然地真把企业当成自己的家，今天到财务去看看账面上还有多少钱，明天去看看我们今天的招待费一下子吃掉8000块，都是谁吃的，你说老板高不高兴？肯定不高兴。然后你还说：“老板叫我把企业当自己的家，自己家的事我能不管吗？”这纯粹是书呆子。职位规则在这里。听话的时候应该听清楚，哪些话该听，哪些话不该听，要把职位搞清楚，读懂规则。

注意方式："史上最牛秘书"的下场

其次，注意方式，尤其要注意跟上级沟通的方式。方式很重要，如果连方式都搞不对，实在是后患无穷。有一个跨国公司曾经在互联网上闹得沸沸扬扬。该公司是全球最大的网络储存运营商，总裁是一个新加坡人，在此之前还做过很多公司的高级经理，做过甲骨文的大中华区高级总裁。

事情是这样的：有一天已经到下班时间了，总裁从外面回到自己的办公室，想回去取一份材料。他没带钥匙，办公室进不去，材料拿不出来，在外面急得团团转，拿不出来就生气。门肯定是他的秘书关的，秘书应该有钥匙。回家后，他发了封 E - mail，和他的秘书说：“我上个星期二还是星期三刚刚告诉过你，做事情不要想当然，不要自以为是。今天我想进自己的办公室取一份材料，但是我进不去，为什么呢？因为你不在，你以为我有钥匙，而事实上我没有带钥匙，所以我进不去。希望你以后不管是午休时间，还是下班之后，首先要跟你的领导确认一下，没有事情了才可以离开。”总裁发了这么一封 E-mail 批评他的秘书。

这倒不奇怪，在很多企业里都有这种情况。领导做不成事了，骂骂下级，平衡一下自己的心理，这很正常。偏偏这个秘书来劲了，他接到了 E-mail，写了一封回信，是用中文写的。好像在外资企业里有个规矩，通常是老板用英文写，下属最好也用英文写。但是这个秘书是大陆来的，不懂这个规矩，他就用中文写，一共六条：

“第一，我把门锁好是出于安全考虑。作为工作人员，我有必要锁上门。如果我不锁门，出了事情，我负不了这个责。”第一条是说，我锁门是对的，是应该的。

“第二，你进不去是因为你没有带钥匙，你没有带钥匙是你的错，你怎么能怪我？”把自己的责任推了个一干二净。

“第三，午休和下班以后都是我的私人时间，任何人没有权利侵犯我的私人时间。”秘书较上真儿了。

秘书进一步提出第四、五、六点，进行全面回击："第四，我到公司工作也那么长时间了，额外加班我也做，但是如果谁想让我再多做一些事情，我不乐意。第五，虽然你是领导，我是下级，但是我们之间讲话也要客气一点，这是起码的文明礼貌。第六，你说我想当然，说我自以为是。对不起，我没有必要想当然，我也没有时间自以为是。"

秘书不仅把回复写成中文，不仅将回复发给自己的老板，还给公司全体员工发了个遍，所有员工都收到了。好了，这个跨国公司本来就是白领成堆的地方，大家一看这么有意思，一个个拼命往外转发。这些高级白领有从宝洁过来的，也有从微软过来的，可能还有朋友在IBM的，大家就这样互相乱发。

这件事发生在2006年10月底，接下来几个月闹得沸沸扬扬，全公司上下都知道了。有人把这个秘书称为"史上最牛秘书"。

时间不长秘书就被扫地出门。有记者去采访他，他说找工作非常困难，关于这件事他不愿意再多讲一句。好像总裁随后也离了职，闹了个两败俱伤。

解决对上冲突的秘诀：顺、转、和

这位"牛"秘书和他的老板之间爆发的冲突就是对上冲突。对上冲突没有赢家。但是为什么会产生这样的冲突？这样的冲突对我们有什么启示？我认为有几个方面。

第一，很重要的，双方没有把规则搞清楚。身为老板或领导，有没有跟你的秘书事先做过约定？比如你做我的秘书，门是要锁的，但是每次离开之前，你要确认我有没有事，我没有事，你才可以离开。没有得到我的确认之前，你最好不要离开。这个规则事前有没有讲过？从前面那段文字来看，总裁没讲过这个问题。而总裁自以为是，他以为秘书连这都不懂吗？可偏偏他的秘书不懂。所以第一个问题是领导有没有把规则讲透。讲规则是领导的事。

第二，秘书不懂规矩，不按规则办事。最严重的表现在哪里？领导用英文写给他，他应该用英文回复。E-mail 给他本人就行了，怎么可以写成公开信，发给公司的其他人，搞得全世界的华人都知道这件事情？这就是明显的破坏规则。

这里双方都存在不守规则的问题，最要命的是事先没有沟通好，没有确认一个规则。如果双方事先能够达成共识，我想这件事情也不至于发生了。

所以，无论谈什么事情，都应该把规则放在前面。不管对方知不知道，事先要跟他强调一下。就像我每次讲课，之前我们的主持人跟我讲，薛老师你来讲过课，你应该知道我们这儿的规矩。我说，甭管我知不知道，你再跟我说一遍。我觉得，就当对方不知道，这个很重要。

在企业里，上级和下级之间也是这样的。很多时候，作为上级，先把规矩讲一下，不管对方知不知道。确认双方的规则以后，如果下级还违反规则，是下级的错。作为下级，跟上级冲突的时候，切记三个字“顺、转、和”。

“顺”是什么意思？领导说“我们要向东”，你首先要附和一句“您说得有道理，对，我们应该向东”。不要不给领导面子。各位下级一定要懂得，对方是你的领导，你首先要服从指挥。对方说“我们要向西”，你一定首先认同“对，你说向西有道理”。这是必须要做的。

然后是“转”，怎么转？领导说“向西”，你要说“向西有道理，但是我有个想法，向南是不是更好一点”。这就是转，首先认可对方说的是对的，是有道理的，但也可以提出自己的想法。

接下来就是“和”了。和什么？到最后肯定是和稀泥。

从我的经验来看，假如你用活了这“三字经”，有水平的领导绝对不会跟你讲“你不行”“你这个有问题”“不可以这样的”“你胡说八道”。大多数领导不会这样讲。最终，和稀泥会妥协出一个结论，可能采纳了你的建议，但以他的为主；也可能以你的为主，采纳了他的观点。反正是大家一团和气，没有撕破脸皮，最后把事情办成了。总之一句话，作为职业经理人，和你的领导相处，牢记三个字“顺、转、和”。记住，方式比内容更重要。

解决对下冲突的三条军规

对下冲突也有几个根源，至少恶性冲突有几个根源。

是否维护了对方的自尊?

冲突的第一个根源是自己不小心，说话不注意，伤害了对方的自尊心，而你还不知道，对方对你产生怨恨，一不高兴，结果闹得不欢而散。

你没顶撞他，他也不知情，怎么会伤害他的自尊心呢？下面列出几句话，好好注意一下。

“你怎么这么笨？这点小事情都不会做。”说人家笨。

“我不明白像你这样有经验的人怎么会做出这样的事情。”一方面说人家有经验，另一方面说人家不行，让对方无地自容。

“几年前我们就试过，没有用的。”这些话很伤人的自尊心。

团队内部要鼓励大家畅所欲言，鼓励大家积极参与。新员工张三很踊跃，说我有个意见，讲了一篇。他刚一讲完，你来一句：“我们几年前就这样做过，没有用。好好，坐下，别讲了。”张三什么感觉？“我怎么这么笨？几年前你们做过的东西，我现在才想到，我起码比你们落后几年。”你以后再让他讲话，他还好讲吗？还敢讲吗？不敢讲了。

再比如“就你这种水平还想当主管？癞蛤蟆想吃天鹅肉！”“假如

你用心去做，是可以把事情做好的。如果连这件事情都做不好，就请你滚蛋！”“别站着说话不腰痛，有本事你来试试。”

这些话都是非常伤人自尊心的，非常缺乏涵养。你的员工、你的下属听了，他可能不便于当面跟你发作，但是他心里会非常不舒服，埋下了一颗仇恨的种子。

冲突的是行为还是结论？

冲突的第二个根源是行为上的忌恨。这也很重要。我们经常发现有一些人在管理员工的时候，管着管着居然吵起来了，甚至动手打起来了。滑稽吗？你说怪谁呢？我认为是管理者没水平。为什么会这样？因为管理者在讲话、做事情时不注意方式。这是容易引起冲突的。

比如，张三上个月迟到了三次，你批评他：“张三，你上个月迟到了三次。”只要你对事不对人，就事论事，无论你怎么说他，他都不敢有半句意见。但如果你跟着来一句：“张三，你上个月迟到三次。真不像话，就你最懒。”好了，在事实之外，你凭空做了个判断，问题就来了。张三可能会一跳八丈高：“主任，你说话负责任一点。我怎么懒惰了？我家里洗尿布的事情，不都是我干的？我还懒惰？我有你懒惰吗？”结果两个人开始争懒惰的问题，没完没了。懒惰是结论，迟到三次是行为。你批评他只谈行为，他没有话讲，但是你搞出一个结论来压人，他就不服气了，会跟你争执起来。

你批评李四："李四，大家都在加班，你先溜了，真自私。""大家都在加班，你却溜了"是行为，他没的说。但你说他"真自私"，这三个字是结论。谁愿意接受这样的结论？

你这三个字一出口，李四马上会一跳八丈高："主任，谁自私了？你说清楚，谁自私了？上一次发大水我捐了50块，你捐了几块？你才捐了5块。我们谁更自私？你如果不自私，为什么不捐50块？我捐了50块，你才捐5块，你还说我自私，你好意思？你还配做主任！"你说你被动不被动？两个人吵起来，争执自不自私的问题，吵起来就能打起来，打到总经理那儿。

总经理问怎么回事，怎么会打起来？李四会跳起来，理直气壮地说："他凭空说我自私，我能不打吗？这样的人能不揍他吗？"本来是你有理的一件事，到最后反而搞得很被动。

所以，行为和结论一定要分开，只谈行为，不要下结论。

这里还有几个案例。比如，"小李，你的工作总是拖后腿。我已经明确问过你三次了，你是不是不愿意跟我工作？"小李一听什么感觉？不愿意跟他工作，这就是结论。小李会想：看来他不要我了，要不然怎么会说这样的话。

"老王，大家说你惹是生非，我看确实如此。这个星期你已经和别人吵过两次了，可今天才星期三。"老王听了会有什么感觉？他会生气，感觉自己真的惹是生非了。因为老王就记住那四个字“惹是生非”。其实老王委屈，他吵两次、吵三次，都是人家逼的，都是有情况。这里问题就来了。

“张小姐，你是能力不行，还是怎么了？一张表格里写错三个地方。”“能力不行”就是结论。

建议大家跟下属、跟员工在一起谈话、谈工作，尤其是做绩效考评的时候，尽可能就事论事，不要把结论搞出来，更不能随便拿人说事。由此发生的对下冲突会对你不利。

不懂管理艺术

冲突的第三个根源是不懂得管理的艺术。不讲方法，不懂技巧，这也是让管理者陷入被动的根源。

比如你是车间主任，你们车间已经连续加班一个星期了，每天晚上员工都在加班。但是总经理又把你叫到他的办公室去了。总经理说：“王主任，厂里任务很紧，今天晚上还得加班。”你说：“总经理，我们员工已经加班一个星期了，太累了，今天能不能不加？”总经理说：“不行，一定要加。”既然领导说了，你就得服从。“那好，我去跟大家说加班吧。”

这时车间的所有员工都收拾东西，准备下班了。因为连续加了一个星期班，大家非常疲乏，都已收拾好东西，准备走了。你往门口一堵：“各位员工听好，我在三分钟之前请示过总经理，总经理说了，今天晚上我们还得加班。”我们可以想象一下，你作为车间主任讲这句话，员工们会不会全体起立，鼓掌说“我们太需要加班了，我们一定加班，今天无论如何也要加班”？你的员工会不会这样讲？恐怕不会。恰恰相反，你一讲今天还要加班，马上会有员工跳起来。张三会指着你说：“王主任，我们已经加了一个星期班了，你还让我们加班，你还是不是人？”李四也会说：“王主任，你真不是个东西。你老让我们加班，怎么加？”王五干脆威胁说：“你再让我们加班，明天大家都不上班了，一起跳槽。要加班你一个人加吧，随你怎么加。”还会有人站起来说：“王主任，你为什么不跟总经理说说？你也太不人道。”所有的人会群起而攻之，大家都会骂你。这时候你怎么办？

这个冲突已经产生了，你怎么解决？你感觉无从下手，是不是？被大家骂，骂得你自己很被动，狗急跳墙，到最后耍无赖。一种常用的耍无赖的方式是“不要跟我叫，不要跟我喊，不服你找总经理去，是总经理让加班的”。

“找总经理去”是耍无赖。这就是管理者耍无赖的一种表现。自己没本事把员工管好，没本事跟员工沟通好，把责任往总经理身上推，这不是耍无赖吗？

问题该怎么解决呢？明明知道员工已经加班一个星期了，再跟大家说加班，确实吃力不讨好。那你回到自己的车间，先转转，看看该怎么弄。张三在员工当中有一定的威望，有一定档次，说话大家也爱听。赶快把张三找到自己的办公室，把门关起来，给张三倒杯茶，把平时舍不得抽的好烟拿出来，递给他：“张三，有件事情想请你帮忙。”张三说：

“什么事啊？”“张三，你看公司任务那么紧，刚才总经理又把我叫过去，还要增加任务量，我们今天还有生产任务。你说这个任务怎么完成？”张三一听，问：“那怎么弄呢？”“才找你商量。来，喝茶，抽烟，你看这件事情怎么弄？”张三抽着你的烟，喝着你的茶。“我想一想有什么办法。只有加班。不加班有什么办法？”你一听，说“加班不知道大家同不同意。大家已经连续加了那么多天班了，再加班能行吗？”“只有加班。不同意也得同意，不同意跟大家说说。在这个时候不加班怎么弄？”“好，喝水，谢谢。”

你把张三的工作做通，放回去，再把李四找过来。反正车间里有几个说话有分量的人，你把他们都弄到你这边来，喝喝你的茶，抽抽你的烟，都用这种方式。

重点人物的工作做通了，你就可以下到车间里，召集全体员工开会：“各位，我刚刚在总经理办公室汇报工作，总经理对我们车间非常器重，总是把一些硬骨头给我们啃。这次又给我们增加任务量了，说我们今天还要生产多少，大家有没有什么意见？我知道，大家已经加班一个星期了，都不容易，谁家里没有一大堆事情呢？这样，我们大家畅所欲言，讨论讨论，看这件事情应该怎么弄，好不好？”

你看看，这才叫管理水平，做得多好。一点都没有压人家、卡人家的意思，没有用鞭子抽大家，叫大家加班，而是叫大家畅所欲言，叫大家讨论。大家还会骂你吗？肯定不会。

当然，马上也会有员工站起来讲："我们不加班，已经加了一个星期了。"也会有人讲："你要加班，我们就跳槽，我们到别处去上班。"或许有人会讲："你也太不是个东西了，不跟领导沟通沟通。"

这些话你就当没听见。抽过你的好烟、喝过你的好茶的张三、李四、王五会不会是哑巴？他若是哑巴，你的眼光就有问题。他若不是哑巴，肯定会站起来讲话的。

张三会站起来讲："这两天公司很忙，就像农村到了三夏人忙的时候，麦子，稻子都倒在地里，这时候不收，过几天就收不到了。算了，大家还是不要发牢骚了。加班，还能把自己累死吗？好歹公司有效益，我们奖金也会多一点。就忙这几天，算了，我看大家还是加班吧。"

张三这么一讲，李四也会站起来说："我看大家还是加班吧。跳槽跳到人家那里去，未必就不加班吧？好歹我们在这儿做得很顺。辛苦一点，加班吧。"

王五站起来说："对，还是要加班。我们这样干，将来王主任也好，总经理也好，肯定不会亏待我们的。大家还是加班吧。不要发牢骚了，干吧。"

讲来讲去，讲到最后，会是一种什么情形？你做好人，顺水推舟，水到渠成。"好，各位刚才发表了那么多高见。在这件事情上，我确实有责任和义务跟总经理沟通。大家这么辛苦，肯定会有回报。既然张三讲了，李四说了，王五也发表了观点，大家认为还是继续加班。大家同意，我也同意，我们今天就继续加班。”完了。你有没有被大家骂？没有。

所以对下冲突要注意方式。把上面这三个问题解决好，在你和下级之间就不至于发生很多致命的矛盾或冲突，这就是管理艺术。

第一，维护对方的自尊心，说话的时候注意一点。第二，跟下属谈事情的时候，多谈问题本身，不要下结论。第三，和下属要注意谈话的方式，不要去打，不要去卡，不要去压。多动动脑筋，把自己的目标变成他人的意见，这就是控制消极冲突的三条军规。

如何解决左右冲突：不战而胜

左右冲突是什么情况呢？在一个单位里，你也不归我管，我也不归你管，但是还是要大家合作，谁也离不开谁。发生了冲突怎么办？左右冲突没有很好的办法。因为对上冲突也好，对下冲突也好，到最后都有一个强制性在里面。对上你必须服从领导，对下下属必须听你的，它有一个必须在里面。但在横向冲突的时候，就没有强制性，你可以不买我的账，我也可以不听你的。没有强制性，可冲突双方又必须合作，该怎么办呢？

我认为，双方合作的结果取决于双方的好感。如果两个人没有好感，肯定不会有好的结果，如果两个人有好感，事情就很好办。

面子第一，道理第二

要取得对方的好感，我的建议是，充分给对方面子。

在企业里，都是部门经理也好，都是一个部门里的人也好，你给对方面子，对方也给你面子。充分给对方面子，两个人再合作，就会有很好的结果。如果你不给对方面子，对方也不给你面子，完了，冲突肯定会有一个恶性的结果。

中国人特别讲究面子。早晨来上班的时候，你走到过道上："张部长早。"张部长一看，本来不想和你打招呼的，但是你主动跟我打招呼了，我怎么办？我只能跟你打招呼："李部长早。"这就是给面子。一给面子，接下来你们谈事情就会比较顺利。如果两个人早晨在过道上碰到，你看到我就像没看到一样，我看到你也不睬你，再和对方谈合作，能谈出什么结果来？

就像我们在酒桌上喝酒，五六个人喝酒，喝酒的过程就是给面子的过程。张部长首先举杯："李部长你年龄大，资格老，以后有些事情还请你多关照。来，我敬你一杯。"敬一杯，喝掉。这就是给李部长一个面子。你首先给对方面子，对方一看你给我面子，我也还你一个面子："张部长年轻有为，以后我老家伙不行的时候，还要你照顾。来，我敬你一杯。"两杯酒下肚，两个人喝得很热闹，很愉快。但如果我们五六个人在一起喝酒，你想“凭什么我要给你面子？我想喝酒就自己把它喝掉。”另外一个人也这么想，也是闷头喝自己的，根本不照顾别人的感受。这五六个人在一起喝酒，能够喝出什么好结果来？这里没有什么道理好讲的。或者说，面子就是道理。因为左右冲突没有强制性，没有强制性就无形，这就需要你首先给对方面子，然后对方也给你面子，相互有了好感以后，接下来合作就可能很愉快。

高调做事，低调做人

在同事之间发生冲突时，我们主张要“高调做事，低调做人”。什么意思？做事情一定要往上跑，但是为人要低调，不要太张扬，不要太显示自己了不起，否则到最后会不得善终。

我在给企业上课的时候经常会谈到这些问题。我说本事大的人、能力强的人一定有好下场吗？能力大的人、功劳大的人一定有好结果吗？不见得。有太多这样的案例，到最后搞得自己黯然退场，还想不通：“离开公司的应该是他，不应该是我。怎么到最后，我先离开了公司？”怎么想都想不通，凭论文自己比他高，论经验自己比他丰富，论为企业做的贡献自己比他大，怎么就我先出局？什么原因？很多时候可能是人没做好，所以要“高调做事，低调做人”。

面对冲突的五种态度

面对冲突有五种态度，“竞争、合作、回避、迁就、妥协”。此话怎讲？

“竞争”是你不让我，我也不让你，针锋相对，两败俱伤。

“合作”是我认真听取你的意见，你也认真听取我的意见，我们共同商量这件事情怎么做，实现双赢。

“妥协”是有的时候，这件事情我让一让，你也让一让，各有得失。妥协往往是以公司的效益和利益为代价的。

“回避”是避免出现剑拔弩张的状态或关系。算了，我不提那件事情，你也不提，退避三舍。

“迁就”是按照你的意思办，委曲求全。

在冲突的这几种态度中，应该提倡的是积极的合作态度。我有我的原则，你也有你的原则，但是我们可以有话放到桌面上来讲。在满足了自己愿望的同时，满足了别人的愿望，这是比较好的工作态度。

CHAPTER 5

第五章

团队激励的手段有多少？

不如意时的犯傻行为：

1. 一气之下辞职不干
2. 公然表示不高兴
3. 故意撂挑子
4. 传播负面言论
5. 栽赃陷害搞破坏

在企业发展的不同阶段，员工表现出来的状态是不一样的。因为人性有两个弱点：第一个是懒，第二个是贪。最初可能比较勤快，但是随着时间的推移，他可能会变得懒惰。最初是大公无私，但是随着时间的推移，他可能会变得自私。那怎么办？这就需要动用一些激励的手段，而且激励手段要不断地推陈出新。激励的手段有很多种，我们可以慢慢地谈。

给个理由：为谁工作？

作为一个管理者，首先应该经常和员工探讨一个问题，就是我们为什么要工作。给我们一个工作的理由。我觉得在这方面，有一些管理者，不仅仅是部门经理，连我们的一些总经理对这个问题的认识都不到位。有的管理者或者不跟员工讲这件事情，或者说得不是很清楚，也有的显得遮遮掩掩。这实在没有必要。

我们是企业，企业有企业的规矩。有些时候我们把话说透，把话说清楚，不但没有副作用，反而会把大家的工作情绪调动起来。

在很多公司我都讲过这样的话，在我看来，每个人都是在为自己工作。但很要命的是，现在有一些人经常挂在嘴上说：我在替别人打工，我在端别人的饭碗。既然是在为别人打工，端别人的饭碗，所以我能不做就不做，能少做就少做，能不过问就不过问；领导不来查，我就不去办；下级不来汇报，我就不去处理；其他部门不来找我，我就不找其他部门。这很正常，因为我是在为别人做事情，多一事不如少一事。

做工作就是做生意

替别人打工的想法是不对的！我的观点是：做工作就是做生意。

这句话怎么讲呢？其实我们每个人都在经营自己的劳动，每个人都在职业场所或职业生涯中出卖自己的劳动，每个人都在做生意。公司愿意花 2000 元、3000 元、5000 元一个月请我到他公司来上班，不就是买我吗？他一个月花 2000 元、3000 元、5000 元钱买我这个月的时间，买我这个月的精力，买我这个月的经验，买我的才华，我就是在卖自己。每个人都在做生意。做工作不就是做生意吗？

既然是做生意，我们就要想了，谁不想把自己的生意做大一点？我现在是 2000 元一个月，也就是说我卖自己就只值 2000 元。那么明年我能不能拿到 3000 元，把自己的价位涨上去？就像我讲课一样，我现在全国各地到处讲课，一天的报酬不算很高，也就是 1.5 万 ~2 万一天这个价位。那么我要想：明年能不能卖到 3 万呢？而且是全国各地的企业都要买我呢？

每个人不都在卖自己吗？在我们企业里同样是如此。你现在在这个岗位上是 3000 元一个月，今后能不能卖得多一点，卖得稍微高一点？从这个角度讲，干工作还是为别人打工吗？还是为别人做事情吗？恐怕就不同了。如果你不把眼前的事情做好，抱着能不做就不做，能少做就少做的心态，到明年价位还能涨上去吗？老板不是傻瓜，他会一边看着你一天天消沉，看着你一天天偷懒，一边还给你加薪吗？有哪个老板会这样做？做工作就是做生意，这个道理应该向大家说清楚。管理者不对员工说，是你的失误。这话有什么可遮遮掩掩的呢？

关于员工流失的问题，天下没有不散的宴席。哪个企业可以把员工留在这里，从他工作的第一天起，直到60岁退休，恐怕不太现实。员工走是很正常的。但是大家要认清楚一点，既然我们有缘分在一起工作，我不亏待你，你也不要亏待我；我对得起我自己，你也对得起你自己。这不就是做生意吗？

千万不要有一种想法，“我是在为你工作，我是为你做事情。”错！你不是为我，你是在为你自己。把这个道理搞清楚，再来谈工作应该有什么样的状态，效果可能会好一点。

你既然是为自己工作，为什么不好好干呢？你可以不对我负责，但是你为什么不对自己负责呢？你可以不对自己负责，但你为什么不对你的老婆、你的孩子负责呢？你为什么不努力地让你孩子上学的环境更好一点？为什么不让你们家庭生活质量更高一点？你有没有想过这个问题？你如果想努力地提升你的生活质量，想让你的孩子有一个更好的教育环境，就只有好好干了。好好干，你的才干提升了，企业会花更多的钱买你。如果你的价位已经上去了，但是老板不给你加薪水，肯定有别人买你。你跑到另外一个更好的买家去，那是谁也挡不住的。这个道理是一样的。所以我觉得把这些话敞开讲，捅透了就是那么一回事，没有必要遮遮掩掩。

对员工，我觉得也是一样。

老板意识决定自己的前途

这话怎么讲呢？前面我说了，每个人都在卖自己。把自己卖给谁？卖给自己的企业。你的领导就是你的买家，或者说是买你那一方的代表。所以流行一句话：上司就是你的客户，领导就是你的客户。怎么来的？就是这么来的。

领导在花钱买你，他不是你的客户吗？所以你要和领导搞好关系。领导都处不好，你还能摆平什么事？你整天和领导拍桌子、踢板凳，吹胡子、瞪眼睛，每天和领导闹，对着干，你说你的生意还能做大吗？

我们有没有看到哪个做生意的人，开饭店的人，看到顾客进门就拍桌子，就要脸色？没有。这是同样的道理。

在我们的工作单位，你的领导就是你的客户。你跟领导天天拍桌子、踢板凳，不是跟自己的生意过不去吗？所以领导给你安排什么岗位、安排什么职务、安排什么工作，你都应该欣然接受。为什么欣然接受？生意来了。生意来了，你不接受吗？只有这样，生意才能越做越大。老板意识在这里起着决定性的作用。

英特纳雄耐尔就一定会实现

所以，在激励这方面，作为管理者，不管你是部门经理还是总经理，你都要关注员工的工作理由，要跟员工讲这些事情。另外给员工一个愿景、一个未来，这就是激励了。“你在我这儿干，我将会对你如何如何，我们的未来将会如何如何……”企业的目标，或者是愿景，是企业文化的一部分。这会让员工增加一点自豪感，增加一点成就感。就像国际歌里唱的，“英特纳雄耐尔就一定会实现”。

努力营造归属感，给员工以家的感觉

在激励员工方面，作为管理者要有一些手段。比如，努力营造归属感。什么叫归属感？就是让员工感觉到温暖，让员工有一种家的感觉。当然了，这个家仅仅是感觉而已，它不是真正的家。

在网上流传过一篇文章，叫《某某公司不是我的家》，谈那个公司裁人的问题。企业毕竟是一个经营场所，毕竟是一个经济组织，所谓营造一种家的感觉，目的是让大家有一种归属感，让大家在这里工作得开心。就这么个意思。这就要求管理者对员工多一些关心、关注，让员工有一点温暖，有一些激励大家的话，或者说搞一些活动。

比如中秋节到了，我们外地员工比较多，可以搞一个中秋晚会。春节之前要放假了，员工要回家，企业是不是可以给每个员工的家里写封信，让他们带回去，给他们的父母也好，给他们的爱人也好，感谢他们一年来的支持？这些都可以做。好像外国的企业里，圣诞节前写一封贺卡是管理者经常做的工作。你说外国人不讲人情味，其实在这方面非常讲，值得我们中国的一些企业学习。

但是千万注意，不要学跑调了。据我了解，浙江有家企业，名字我就不说了，是家赫赫有名的企业，企业领导在别的地方学到了一个经验，就是激励员工，让员工有家的感觉。人家是这么做的：每个员工过生日的时候，给他发一个蛋糕。有些企业就在这么做，很正常。

这家民营企业把这个办法学来了，说我们也要这样干，在每个员工过生日的时候，送给他一个蛋糕。老板还规定，在员工过生日的时候，部门经理要亲自把蛋糕送到员工手上，让员工好好地感动一回。实施的第一个月，大家还能做到。人力资源部会把名单统计出来，发到每个部门。到时候部门经理会跑到行政部，把蛋糕捧回来，亲自把它送给过生日的员工，让这个员工好好感动，然后大家分享这个蛋糕。

第一个月效果还不错。到了第二个月，开始有一点烦。部门经理有点烦：都在一个部门干，我是他们的头儿，我本来是领导他们的，干吗还要捧蛋糕给他们？结果到了第二个月，人力资源部又把名单送过来，说你这个部门张三过生日。部门经理说，知道了。但他知道了，不是自己去行政部取蛋糕，而是写个条给张三："张三你有一个蛋糕，到行政部去拿。"变成让过生日的人自己到行政部去领。

到第三个月，行政部也嫌烦，觉得每个月摞那么多蛋糕在这儿，搬来搬去的，烦。于是跟人力资源部和每个部门讲，不要再到我这里来拿了。由人力资源部每个月 1 日把这个月过生日的人名单排出来，在每个人过生日的那天发一个条给他，让他凭条到蛋糕厂去领蛋糕。在厂门口坐 33 路，拐过路口，旁边就是蛋糕厂，非常方便。到最后弄成了这个样子。

给员工发蛋糕这件事情好不好？应该说是很好的事情，但是做着做着就变样了。如果在你过生日的时候，你的部门经理发一个条给你，说你这个月有一个蛋糕，你心里快不快乐，有没有家的感觉？快乐应该还是有的，但要说家的感觉，恐怕就有点问题了。管理上的很多事情真的很有意思。先进的东西是好，是该学，但是该怎么学，能不能学得来，是一个问题。

而问题的关键在于，你是叶公好龙，还是真心诚意地想做这件事情？这是需要深入研究的。大公司有大公司的做法，小公司有小公司的做法。你的公司有几千号人，归属感怎么创造？家的感觉怎么营造？也许你的公司只有二三十个人，你又怎么创造？这两个类型的公司完全是不同的做法。目的是要给员工一个家的感觉，但具体用什么方法，一定不要雷同。

金钱激励是一种有效的激励手段，但不是唯一的激励手段

我们有一些老板在这方面有误区，抱着一种有钱能使鬼推磨的想法。认为不就是钱，我多给他点不就行了？错，非常错！

如果只是个小作坊，给点钱，张三不干李四干，李四不干王五干。一旦是真正做企业了，再这样做就行不通了。金钱激励是一种有效手段，但不是唯一手段。有的时候你给了钱，不一定留得住人，不一定有效果。

这里也有一些名堂的。我打个比方，比如你是小老板，你跟张三说：“张三你好好做。到年底达到指标了，我给你发奖金，发 3 万元奖金。”到年底了，一看张三真的不错，你把他叫过来：“张三今年做得不错，我说话算数，3 万元奖金拿去。明年继续好好努力。”张三把这 3 万元拿到手了：“谢谢老板。”他转过头来就跑了，第二天到人家那儿去上班，跳槽了。

作为老板，你怎么想都想不通，打电话给张三：“张三，我对你不薄啊！我昨天刚刚给你 3 万元，你怎么钱一拿就跑掉了？早知道这样，我就不给你 3 万元了。”张三一听，说：“老板，人家答应给我 4 万，我可以跟谁都过不去，但是不能跟钱过不去。人家给我 4 万，我只有到他那儿去了。”花了 3 万块，人还没有留住。

换一个聪明的老板，他可能就不这样做。他会请张三吃饭：“张三，到年底了，今年做得不错。这样，我想请你们全家吃个饭。”张三一听：“不

用了，吃什么饭？您赶快把 3 万元给我。”“饭还是要吃的，钱不着急，先吃饭。把你老爹老娘、老婆孩子全带着，请你全家，我们到希尔顿大酒店好好吃一顿。”张三一听：“行，如你所愿。既然你请我，我们就吃吧。”

到了希尔顿大酒店，包厢里面，酒过三巡，菜过五味，老板从裤兜里掏出 1 万元钱，递给张三：“张三，今年做得不错。这是 1 万元奖金，请你不要瞎花。”张三拿着这 1 万元钱，心里就骂：“老板真黑，吃一顿饭扣掉我 2 万块钱。你好蒙人，心太黑了！你不是说给 3 万的嘛？”他在那儿心里骂。

这时，老板从口袋里又掏出 1 万块钱，递给张三的老爹老娘：“你们的儿子干得好，这也是你们的光荣。你儿子很厉害的，我们公司现在离不开你儿子了。我也没有什么孝敬你们的，这 1 万元给你们，想吃什么就买什么，自己去弄吧。”老两口一看，儿子打工挣薪水，自己还拿养老金，笑得嘴都合不拢。

最后，老板从口袋里又掏出 1 万块钱，递给张三的老婆：“张太太，张三经常出差，你要包涵。家里的事情多照顾。这 1 万元钱是买化妆品的，就买化妆品，其他啥都不要买。”张三的老婆也很高兴，把 1 万块钱装起来。

春节一过，张三想跳槽。张三想跳槽，老爹老娘拿棒就打：你这个没良心的，你敢跳槽，就不要进我的家门。老婆也讲，你跳槽可以，先把婚离了，你再跳槽。老婆心里想：你跳槽了，我这 1 万元钱跟谁去拿?老爹老娘不同意，老婆不同意，想跳也跳不成。同样是 3 万块，效果就不一样。

所以，钱很重要，没有钱是不行的，这是一个前提，千万不要否认钱的重要性。我也是一个现实主义者，不给我钱，我讲课也不会这么卖命。但是，不仅仅是钱的问题。有的时候除了钱，大家还想要其他的东西，归属感、信仰、成就感，等等，这些也都想要。如果你整天不谈其他东西，就只谈钱，你的员工也是每天干完活儿就数钱，数完钱再干活儿，你的企业有多强的竞争力?

无为而治，海纳百川

那么如何调动我们员工的工作积极性?这里有一个建议，无为而治，海纳百川。

什么意思呢?要调动员工的积极性，有的时候让他们参与，让他们说话，这是最好的办法。

但现实情况是，在我们的企业里都是一言堂，都是领导说什么下级做什么，员工甚至不知道我们公司在干什么，不知道公司做这件事情有什么意义。这就很讨厌。我觉得我们做领导的要让员工参与进来，能让员工动脑筋的就让员工动脑筋，能让他参与的就让他参与。参与是调动员工积极性的很好的办法。

不知大家有没有这种感受，我们教育孩子的时候，如果仅仅是说教，教他这件事情怎么做，那件事情怎么做，你说了一百遍，效果不一定好。但是你让他参与进来，带他做游戏，跟他一问一答，或者让他自己动手去试，可能就不一样。这是参与性教育。

在企业里，我们要提倡参与式管理。最好让你的员工多说话、多做事、多参与。这里涉及一个工作技巧的问题。

我在前面讲到过一个工作方法，就是把你的意见变成别人的意见，把别人的意见变成大家的意见。举的是关于加班的例子：我把我想要你们加班的意图告诉张三、李四、王五，让张三、李四、王五去讲要加班，这就把自己的意见变成了他人的意见。最后我让大家讨论，通过讨论，把张三、李四、王五的意见变成了大家的意见。这就是一种不错的管理艺术、管理方法。

引而不发，上善若水

在调动员工的积极性方面，再讲一个小技巧。比如办公室的卫生问题老是不能解决，老是没有人来打扫。究竟怎么解决？找大家来商量商量，请大家说说卫生问题怎么解决。

其实在说这个话的时候，你心里早就有想法了：让张三星期一做，李四星期二做，王五星期三做。这是你的想法，或许还有各种各样的想法，已经成熟了。但是找大家谈的时候，你不要主动讲出来。你主动讲出来是不好的，你应该让他们大家讲。

比如，你找张三过来谈，你问他："这件事情怎么弄？卫生问题不能解决。"当然，张三会提出一些看法。张三提出的方案，只会出现三种情况，第一种是张三说的方案与你的不谋而合，第二种是张三说的方案有一部分和你想的吻合，第三种是张三提出的方案跟你想的完全是两码事。无非出现这三种情况。

出现了这三种情况，作为一个管理者，你跟张三怎么沟通？这里涉及管理艺术的问题。

你必须牢牢把握的原则是，你要调动张三的积极性。沟通的原则明确之后，事情就好办了。如果张三提的方案和你心里的方案一模一样，你要立即表态："张三你很有思想，你这个方案非常对。我非常认同。好，就按你的方案办。"大家想象一下，"就按你的方案办"，而不是"按我的方案办"，张三听到会是什么感觉？会感觉到自己很受器重。在执行这个方案的时候，他会很努力。为什么？因为"这个方案是我提出来的"。尽管这个方案早在管理者的心里了。

第二种情况是张三提出的方案和你心里的方案不尽相同。那怎么办？作为一个优秀的管理者，这个时候你要表达你的态度了："张三，你这个方案总体上很成功，我非常赞同。在某些方面，你看需不需要再完善一下？"张三一听"某些方面"，回去修改，直到张三的方案和你的方案一致了，你再肯定说："好，就按你的方案办。"这是第二种。

第三种情况是张三的方案和你的完全是两码事。怎么办？作为领导，你要表态：“张三，你的方案有道理，但是你看能不能换一个角度想一想，或者你有没有考虑到其他情况，比如可行性怎么样？你再想想看。”不断地否定你不同意的那个方案，直到张三自己讲出和你一模一样的方案，你再认同他：“张三，不错，就按你的方案办。”

这是最高的境界，这就叫“引而不发，上善若水”。就是我心里有预案，但是我不讲出来，我一定要让你们讲。不断地做否定，通过这种方法调动员工的积极性。这也叫作大智若愚，自己有想法，但是我不讲，一定要让你讲，然后说按照你的方案办。这是管理者应有的一种态度。

扼杀员工积极性的两大臭棋

突出自己，忽视下属

但是现实情况是有些管理者，尤其是一些缺乏管理经验的人，经常在这方面犯错误。同样跟张三谈话，张三的方案也很优秀，和你的方案没有本质的区别，但没经验的管理者为了突出自己，会忽视下属，会说“这个方案我早就想到了，你的说法不对，应该这样”。其实骨子里是一样的，管理者只是为了显示自己如何优秀，如何能干。或者说“你的方案有点问题，这个方案的某个情况是不能解决的”。实际上那是一个无关痛痒的次要问题。管理者抓住对方的一点小漏洞、一点小毛病大做文章，以体现自己多么的英明。这叫作“突出自己，忽视下属”。你如果这样干，作为你的下属，张三心里肯定不会舒服。

自作聪明，愚弄下属

更糟糕的是，有一些管理者还自作聪明，愚弄下属。

这些人遇到问题自己没本事解决，把张三找过来，问：“张三，你看这件事情该怎么办？”张三当然会讲这件事情该怎么处理。经理一听张三这个办法还不错，但是不愿意承认张三的方案不错，于是耍小聪明，表面上假装骂张三，说“张三你的方案肯定不行”。臭骂一通以后，到公布方案的时候，改头换面，还是张三讲的那一套。可张三不是傻瓜，他一看，这不就是我跟你讲的那个玩意吗？只不过改头换面，怎么就变成你的了？作为下属，张三嘴上不讲，但心里肯定是这样骂的：“你算老几，屁本事没有。你别以为自己了不起，你就是一个小偷，一个骗子。”经理自以为很聪明，但不会有好结果。所以，管理者在工作方式上要注意，“隐而不发、上善若水”是最好的。或者让员工参与进来，让他们自己说，自己去做。能把自己放到后面的就把自己放到后面，不要老想让自己当英雄，什么事情都自己最厉害。

扼制消极的思想和情绪

企业里总有一些消极的思想或情绪，绝不能让这些思想冒头。比如:“公司是老板的,挣不挣钱,挣多挣少跟我没关系。”“只要自己好,他人死活与自己无关。”“找几个同事,合伙对抗老板或他人。”“能捞钱就捞钱,不捞白不捞。”“公司的钱不花白不花。”“藏点绝招,以防不测。”“能少干活就少干活。”像这些,都是很不好的思想。

这些问题,哪个企业多多少少都会有一点。你想完全杜绝这些思想,不让它出现,是不太现实的。作为一个优秀的管理者,要把它控制住,不让这些思想的苗头蔓延开来,这很重要。

比如贪污问题,“能捞钱就捞钱,不捞白不捞”。你想让所有的人都不捞钱,这好像不太现实。怎么办?这就要你在公司里做激励、做教育、做培训的时候,讲捞钱是可耻的,捞钱是不对的,捞钱是很不要脸的行为,捞钱的人会被我们公司所有的人骂。诸如此类的话,要在大会讲,小会讲,各种场合讲。讲到什么程度?讲到即使有人捞了一点钱,他都不好意思跟别人说。即使今天贪污了一点点,但是他没有脸去告诉别人。讲到这种程度,就达到效果了。一定要扼制住消极的思想和情绪,一定要管到底。

管理最大的失败:心态失衡

这就谈到培训的重要性了。从某种角度来说,企业的发展就是培训的发展。哪个企业都这样,企业越做越大,培训也是越搞越成熟。没有哪个企业发展到什么程度,就不搞培训了。这是不可能的。

小公司、小企业可以不搞培训，小老板肯定要天天在后面监督，而且小老板经常亲力亲为。从某种意义上讲，这样的公司就是老板一个人在做事情，其他的人仅仅是他的帮手或助手。这样的公司不能被称为真正意义上的企业。

作为企业，所有的员工各司其职，都有自己的岗位。一定要让员工明白，我们企业里什么是好的，什么是坏的；什么是对的，什么是错的；我们公司弘扬什么，反对什么；提倡什么，杜绝什么。也就是荣辱观教育，说到底就是“八荣八耻”。这就是最基本、最起码的培训。你要让你的员工知道这些是非对错，你不讲员工怎么知道呢？你不讲他会腐败的，他会懒惰的，所以培训非常重要。我们经常会看到一些员工出现心态失衡的问题，员工心态失衡是一种很典型的管理失败。

我接触过一些企业的部门经理，他们到最后闹得不欢而散。作为企业的骨干，他们是这么跟我讲的：我辛辛苦苦为你企业创造了那么多的效益，到最后你却这样对我，我心里不平衡。

不平衡，他就会反映到行动上来，就要跟老板对抗，向老板要效益，要老板加薪水，跟老板斗智斗勇。结果斗到最后斗垮了，就离开公司。

好员工是培训出来的

其他问题我都不谈，我就谈这一点：作为老板，起码说明你在这个问题上不成功。如果你经常做培训，经常把一些话讲得明白一点，讲到位，员工不至于心态失衡。员工心态失衡是在什么情况下发生的？往往是在长时间得不到正面教育的情况下发生的，他就陷在一个死胡同里走不出来了。

“我为公司一笔生意就挣了几百万，怎么我才拿几万？”他老在那条胡同里走，走不出来了。如果这个时候有个高人搞搞培训，或者来点拨他一下：“你虽然为公司挣了几百万，但这主要是公司的品牌在运作，你是一个执行者而已。如果不是你来做，其他人未必做得比你差。你不能认为这几百万是你一个人挣回来的，确切地讲是公司挣回来的，你仅仅是在其中操作了一下按钮。你仅仅按了下按钮，就拿几万，对于你的个人劳动来讲是匹配的，是吻合的。你心理上不要有什么不平衡。”

像这些话，有人来讲肯定比没有人来讲好。你通过一些培训或者某些活动来说明这些道理，他就不会钻牛角尖了。

所以，培训工作一定要跟上，好员工是培训出来的，不要让我们的员工心态失衡。

尤其是有一些人，刚开始为公司做了很大贡献，到最后竟成了贪污犯。他自己固然是咎由自取了，但作为老板，你痛不痛心？这里的教训是什么？就是教育的失败。环境变了，地位变了，但教育没有跟上。员工心里产生了一些不好的情绪，随后就产生了一些不好的后果。

最后，在团队里面，还有一些小的行为要规范。受欢迎的几种行为：

比方说，“我们碰到一些状况，我马上去办。”“小王那个主意真不错，没你就是不行。”“幸好我想知道你的看法，谢谢你的建议。”像这些，都是团队里面一些小的行为，都是加强团队凝聚力的撒手锏。

如果员工做事不是全心全意，不是聚精会神，原因会是什么？可以归结为三条。

第一是员工不知道他在做什么。也就是说看不到企业的前途，认不清企业的方向。“我在加班，其他人在干吗？是不是回去休息了，去洗桑拿了，享受去了？”这种情况下，他的心态会不平衡。你应该告诉他，在我们这个团队里，其他人也很辛苦。

第二是员工缺乏对企业发展方向的理解，也就是愿景。我们这么没日没夜地干，究竟为什么？我们为什么要这么辛苦？为什么要连续加班？关于这个问题，公司的领导层要给员工一个合理的解释。你不给他一个合理的解释，员工就很郁闷，做着做着就会发牢骚，会有过激的举动。你要告诉他，我们之所以加班，是因为我们目前的销售情况不太好。我们加班的目的是什么，我们加班将来会怎么样，诸如此类的问题还是要讲的。

第三是一些员工对于自己在企业中的位置没有安全感，这是很要命的一个问题。一些企业不向被辞退的员工说理由，也不向留下的员工说明理由。今天不高兴，把张三干掉；明天不高兴，把李四干掉。老总的办公室或人力资源部的办公室成了屠宰场，今天宰了张三，明天宰了李四，威不可测，这很不好。处理员工的目的是什么？是杀一儆百，杀鸡儆猴。千万要记住这一点。辞退员工的成本是很高的，不是说辞退人就辞退人的。辞退一个员工的目的是让留下来的员工不再犯同样的错误。你一定要把只要不犯那样的错误，就会永远留在公司这样的信息传达给留下来的人。这样做会让留下来的人有安全感，要向员工说清楚。

我们必须明确意识到：下属素质差不是你的错，但不能提升下属的素质一定是你的错。

经常可以动用的激励菜谱

在这里罗列一些常用的激励菜谱，可以根据企业的具体情况选择运用。

比如公开表扬，道贺，当面感谢，这些都是口头上的。向上层请功、推荐，鼓励参与决策，请吃饭、送鲜花、看望家属、生日祝贺，授权让其负责某个项目、替其承担过失、奖励休假，出席某个会议、享受旅游，让其制定计划、挑选某个工作，聚会、一起娱乐、帮助解决生活困难，这些都能起到正面激励作用，能调动员工的积极性。

批评激励

责骂等于打造，唤起责任心和羞耻心

除此之外，还有一些常用的手段。比如批评激励，“责骂等于打造”。

激励员工是想让员工的积极性高一些，让员工做出更好的成绩，那么，可不可以骂员工？我们在职业经理人网上探讨过这个问题——要不要骂员工。

现在跟过去不一样了，现在的员工是两条腿跑得飞快。“此处不留爷，自有留爷处”，你一骂，他就跑，你还留得住人吗？显然不能骂。

这个问题探讨起来确实很有意思。有没有标准答案？没有标准答案。骂也对，不骂也有道理，一定要根据企业的具体情况去做。

在这里特别要强调的是，骂人也有骂人的方法，不要很粗鲁，不要想怎么骂就怎么骂。骂人的目的是什么？作为管理者，首先要想一想，骂他的目的是什么。我这样骂他，他能不能接受，有没有效果？如果我今天骂了，他一气之下卷铺盖走人，还不如不骂。我骂他干什么呢？假如我骂了他，他明天会做得更好，我才应该骂他。

我看遍中外企业家，在管理当中骂人骂得最厉害的是松下幸之助。他有一个很经典的骂人案例：

我不说老先生为什么生气，但这件事确实把老先生气得够呛，以至于他骂这个人骂了两个小时。他不是光动口骂，他还一边骂，一边拿根

铁条在地上捣，也不知那是根什么样的铁条。

我们说气极的时候骂人，有人会拍桌子、跺脚，可松下先生既不拍桌子，也不跺脚，只是把那根铁条往地上捣。骂完了，铁条也给他捣弯了。好了，骂完以后，松下先生讲：“我刚才骂你骂得很厉害，这根铁条也被我弄弯了。听说你的手艺很好，你能不能把它弄直了，恢复成原样？”那个挨骂的家伙一听，把铁条拿过来：“好，我来帮你吧。”他把它恢复成原样。松下又讲了：“你真是心灵手巧，我还没见过像你这样心灵手巧的人。厉害。好，谢谢你。”然后走了。

这个被骂的家伙下班回到家，妻子出门迎接。他进屋一看，家里摆了很多好菜，还有好酒。他很奇怪：“老婆你这是干什么？今天又不是我的生日，搞这么多好菜，好酒干什么？”他妻子讲：“刚才松下先生打电话来，说你被他骂了两个小时，心情肯定不好。他叫我弄点好菜、好酒，让我安慰安慰你。”那就吃吧。

第二天一上班，松下又把他叫过来了：“昨天我骂了你两个小时，想通了没有，我为什么要骂你？”“报告松下先生，我想通了。”“你说说看，骂你有没有道理？”“有道理。”“那你以后怎么干？”“我一定好好干，不辜负松下先生对我的期望。”你看看，这样的责骂就骂得非常有道理，非常有效果。

在骂的方式上，最怕的是不管三七二十一，劈头盖脸一顿臭骂，骂完之后不了了之。这是很讨厌的。“责骂等于打造”，目的是要唤起他的虚荣心和羞耻心，这才是正道。

竞争激励

赛马不相马，事实胜于雄辩

竞争激励也是很常用的激励手段，现在已经普遍应用于企业的管理当中。

在我们的企业里看谁的业绩好，是骡子是马，拉出来遛遛，有本事你就把业绩做上去，打一个基础让其他人刮目相看。

目标激励

跳一跳，够得着

应该谈到绩效考核了。目标激励是一种非常重要的管理手段，如果不会运用目标管理，你的员工不可能有什么积极性。只要有下属，就要有目标管理，必须要有目标管理。为什么要搞目标管理？搞了目标管理，员工就有压力，就有动力，就有成就感。要明白这一点。张三这个星期要完成这几项工作，李四这个星期要完成那几件事情，一定要给他定目标。你不定目标，张三和李四就会浑浑噩噩地混日子，混到最后一事无成，还不说你好。你给他定了目标之后，他就会紧张，有了压力，就有了动力，他会拼命做，做完之后，他还会有成就感，会形成良性刺激。目标管理是一个很重要的管理手段。但是目标一定要定得恰当，不要太低，也不要太高，最好是跳一跳刚好够得着。

危机激励

流水不腐，户枢不蠹，谁动了我的奶酪?

还有危机激励。在管理学上也叫饥饿疗法或饥饿管理。什么意思?就是不让他吃饱，不让他一下子达到满足的状态。

前面讲到轮岗的问题。一般来说，把一个人调到一个部门经理的位置上，头一两年往往积极性非常高，因为面对不少陌生的问题，要把这个部门做起来，要把业绩做上去。所以，他会很动脑筋，很勤奋。但是做到两三年以后，积极性就会下来。这个时候怎么办?挪一挪。原来是销售部经理，把他挪到生产部经理的位置上去，让他去管生产。他一去管生产，又是一大堆从来不熟悉的东西，还得从头开始。一方面面临很大的压力，另一方面新鲜的问题又出现了，迫使他又要紧张起来。这就是饥饿疗法，或者叫饥饿管理，让员工有种危机感。

现在很多企业里淘汰制讲得很多。我们知道的像通用电气的杰克·韦尔奇搞了一个狐狸曲线，将员工分为三类：20%是A类员工，也就是好员工；70%是B类，一般员工；10%的是比较差劲的C类员工。每年评比公布，雷打不动地把C类员工淘汰掉。通用电气就是这样做的，微软公司也有每年雷打不动5%的淘汰率。这也是危机。危机激励说到底是什么?不要以为到公司来了，就可以如何如何。要让员工有种危机感，员工做得不好就把他拿掉。

长沙有一家烟厂，生产白沙牌卷烟，也有很好的危机管理教育。公司盖了宿舍楼，给员工分新房。因为烟厂的效益都很好。长沙那家烟厂盖的是一栋小高层，有电梯。有位老员工快退休了，给他的房子分在21楼。谁知道他嫌高，要求分到2楼或3楼。领导觉得不好理解，向他解释说，这栋楼是有电梯的，住在高层没有什么不方便，我们给你分到高层，是考虑到楼层越高，价位越好，是为你好。这位老员工说，不行，我要到2楼或3楼。现在咱们厂效益好，有电梯，上下楼当然没问题。但万一哪一天效益不好了，电梯费付不起了，我住在21楼，怎么爬下来去买米、买油、买盐？我还是住2楼或3楼，万一有一天咱们公司没钱付电梯费了，不影响我过日子。公司领导一听，老头讲得有道理。老头的话里有一种危机意识，领导很受启发，立即把这件事情整理成文字，在公司里开展讨论，目的就是要唤起一种危机意识：虽然我们现在日子好，但是不代表我们将来的日子会一直好下去。

宽容激励

以德报怨，得人心者为俊杰

再有就是宽容激励，对员工不要太苛刻，要表现出一定的涵养。在这个问题上把握不好，也很容易犯错误。

《三国演义》中有个著名的猛将叫张飞，他性格暴躁，打仗很厉害，舞动丈八蛇矛，百万军中能取上将首级。张飞是很厉害，但最后是怎么死的？他是被手下人把脑袋割掉的。

说来话长，事情的起因是张飞的结义二哥关羽刚愎自用，在镇守荆州的时候，擅自跟北方的曹魏开战，结果被孙权派人偷袭了荆州，走麦城，丢了性命。关羽一死，刘备和张飞哭天抢地。桃园三结义，老二关羽被杀了，刘备和张飞能不痛哭吗？痛哭之后，张飞发誓要讨伐东吴，替二哥报仇。他还提出全军挂孝，就是部队打着白幡，全体将士都穿上孝衣、孝帽讨伐东吴。

于是，张飞命令手下的两个小头目几天之内准备好所有物品，三军挂孝讨伐东吴。这两个小头目确实非常努力、非常卖命地去找了，方圆几百里，白色的东西都买回来了，但是人数太多，任务还是没有完成。

张飞本身就有坏毛病，每天晚上都喜欢喝两碗酒，喝醉以后打人。而偏偏关羽死了，这个时候他的心情更不好。那天晚上张飞喝酒，问这两个小头目，三军挂孝的事情办妥没有？两人说还没有。张飞一听，火冒三丈，不由分说把两个小头目打得皮开肉绽。然后他说，还有两天时间，赶快给我准备好，再不准备好的话，我要你们的命。

他酒喝够了，人打过了，去睡觉了。可这两个被打过的小头目睡不着，被打得死去活来，还有两天的时间，还要准备白布挂孝，怎么可能完成？那我们逃吧。逃到哪里去呢？只有逃到孙权那儿去了。可孙权凭什么收容我们？我们要带见面礼。带个什么见面礼？把张飞的人头带上吧，这是最好的了。两个人跑到张飞那儿，把张飞的人头割下来，带到东吴去了。一世英名的大英雄就这样死了。

所以，有的时候对下属不要太苛刻，得饶人处且饶人。我们回过头来看李嘉诚，我觉得他真的是华人企业家中最懂管理艺术的。他把西方的管理思想同中国人的管理智慧融合得非常好。

他在当年的圈地运动，就是房地产运作当中出过问题。他看中了一块地，想买下搞开发，派了手下一个姓何的经理去操作这个项目。何经理很努力，但是看中这块地的还有两家竞争对手。两家一看，李嘉诚要来了，而且派了一个何经理来。这两家找到何经理，问他："何经理，你在李嘉诚那儿一年拿多少钱？""20万。""20万太少了。你能不能把你的投标书给我，把你们的底线、怎么操作的全部告诉我？我给你200万，抵得上你干10年。事成之后你到我这边来，做总经理。"

何经理刚开始不敢做这件事情，但后来一想，200万抵得上我10年的薪水，然后就下水了，一步一步地把标书的内容透露过去。

李嘉诚也不是省油的灯，过段时间就发现问题了。他把何经理叫到办公室："这些都是你做的事情，证据都在。你说究竟怎么回事？"李嘉诚把何经理痛骂一顿。何经理承认这些事情都是他干的，把事情和盘托出。

李嘉诚说，我本来可以把你送进监狱，但我却不想这么做，你自己看怎么办？何经理说我愿意留下来，我一定好好做，肯定不辜负你的期望。何经理就留下来，一直跟了李嘉诚几十年。后来他在做其他项目的时候，在资金运作过程中发挥了很大的作用。李嘉诚的传记里就有这方面的内容。

授权激励

领导减负，下级加权

对下属还有一个授权激励，就是自己减轻负担，让下属多做一点事情。

这一章的内容主要讲的是激励，目的就是解决军心不稳、士气不振、斗志不高的问题。

6

CHAPTER

第六章

团队文化有什么用?

你有时会感到公司没有想象中的公平，真正绝对的公平是没有的，不能对这方面期望太高。但在努力者面前，智慧总是均等的。只要不懈地努力，公司是能了解到的。要承受起做好事反而受到的委屈。

“烧不死的鸟就是凤凰”，这是公司对待委屈和挫折的态度，以及挑选干部的准则。没有一定的承受能力，今后如何做栋梁?其实一个人的命运就掌握在自己手上。生活的评价是会有误差的，但绝不至于黑白颠倒，差之千里。要相信，在公司，是太阳总会升起，哪怕暂时还在地平线以下。

团队文化是什么？

团队文化这两年比较流行。已经记不得是哪个城市了，在我讲课的时候，跟我同台讲课的是国内一个管理大腕，讲团队文化。我听了一两个小时以后，感觉到有点不以为然。

现在关于团队文化的问题，有一些人把它搞得太复杂、太深奥。其实团队文化是一个非常简单的问题，没有那么复杂。什么叫团队文化？我认为就是一个团队（或一个企业）做事情的特点、方式，或者是这个团队里不用或无法写到纸上的、大家都习以为常的思考方式、行为方式和风俗习惯。

每个企业都有自己的企业文化。有的老板爱吹牛，下面的员工也个个爱吹牛，这是一种企业文化。有的老板爱喝酒，下面的员工个个都是酒鬼，这也是一种企业文化。有的老板很节俭，下面的员工个个都是小气鬼，这还是一种企业文化。

比如，我们经常讲东方人很内敛、很含蓄、很谦虚，这就是东方文化。每个企业也是一样的，都有自己做事情的特点，只不过有的企业没有把它归纳、总结、挖掘、提炼出来。

文化的力量有多大？

有这样的命题，说企业之间的竞争归根到底是文化的竞争。这个命题成不成立？应该是成立的。但是它有一个前提条件，那就是这个企业已经做到很大了，或者两家企业在各方面都旗鼓相当、都比较成熟的情况下，拼的就是文化，就是文化制胜了。文化表现出来的力量有时非常强大。

老板决定文化，文化决定态度，态度决定细节，细节决定成败

我们研究企业，最浅显的研究是从它看得见的制度入手：它的规章制度有多少？写到墙上的规章制度，订成本子的规章制度，各种各样的规章制度、流程，这是看得见的，这是一个表象。如果深层次剖析这家企业，那就一定会剖析那些写在纸上、订在本子后面的一些东西，这实际上就是文化。企业之间的竞争到最后就是文化的竞争，这是有一定的道理的。有什么样的文化，就会有什么样的行为表现出来。

曾经有一本书很时髦，叫《细节决定成败》，是汪中求老师写的，书的发行量很大。所谓细节决定成败，就是说，如果你把事情在细节上做得很完美，就能够取得成功；做得不完美，就可能导致失败。

受此启发，我们就想，细节决定成败，那又由什么来决定细节呢?是什么决定员工能否把细节做得很完美?想来想去，得出一个结论：做事情的态度决定做事情的细节。做事情的态度非常认真，非常严谨，做出来的细节就会很完美。如果做事情的态度就是吊儿郎当的，做出来的细节就不会好到哪儿去。这个道理大家认不认同?这就是态度决定细节，

细节决定成败。

我们可以再往前推，琢磨一下又是什么决定员工做事情的态度。推到最后我们会发现，是企业的文化决定员工做事情的态度。在什么样的文化环境里，员工会表现出什么样的热情，表现出什么样的风貌，表现出什么样的做事情的风格。有这个土壤，他自然而然就会这样干，没有这样的土壤，他就不会这样干。是企业文化决定做事情的态度。

我们还可以再往前推，思考在企业中又是什么决定企业的文化。是老板决定文化。企业的文化是由董事长、总经理创造的，这是不容置疑的，没有第二或第三个人。企业文化在由老板、董事长、总经理创造以后，还要由中层干部去完善，去提炼，去传播、建设，但这是两个层面的问题。

也就是说，由细节决定成败开始反推，我们会发现一系列命题：老板决定文化，文化决定态度，态度决定细节，细节决定成败。而由这一系列的命题，我们又会推出新的一系列命题：老板决定成败、文化决定成败、态度决定成败、细节决定成败。换句话说，在决定企业成败的问题上，除了老板这个因素，文化是至关重要的因素。

你说这个命题成不成立？在相当多的情况下是成立的。文化怎么会有这么大的威力？文化居然能够决定习惯，决定态度，决定细节，乃至决定成败。在这里我们讲两个例子。

1947 年在山东孟良崮地区，共产党和国民党之间打了一场大战。共产党方面的主帅是粟裕，国民党方面的主力是整编第74师，原是一个军的建制，是蒋介石的王牌军，五大主力之一。

从战役的结果来看，是共产党胜了，但拿这两支队伍进行比较，就会发现很多问题：

首先，我们来比较整个队伍的素质。国民党军队——张灵甫的王牌整编74师，绝大多数军官都是军校毕业生，军事素质普遍比较高。官兵在抗战一线打了八年硬仗，让日寇闻风丧胆。各级指挥官都懂战术，讲起来头头是道。而我们共产党的军队，都做到营长、团长了，大字不识几个的还很多，都是土包子。从文化素质上讲，74师的水平要高出很多，两军根本不在一个档次上。

其次，从装备上讲。74师拥有全套美式装备——枪、炮，各种各样的武器、通信设备，各方面非常充足。蒋介石讲了，其他部队哪怕少一点，装备不全，五大主力要保证。也就是说，74师齐装满员。而我们共产党的军队有什么？武器装备都是战场上缴获来的万国牌，有蒋造的，也有日造的、美造的。经常出现什么情况？缴获来的枪是好枪，但是子弹就那么几颗，子弹打完了，枪连烧火棍都不如。经常是有枪的时候没子弹，有子弹的时候没枪，因为自己不会造。所以三八大盖也有，机关枪也有，什么都有，乱七八糟的，从装备上讲，两支军队也不在一个档次上。

最后，从后勤供应上讲。74师穿的军服都是上好的面料，军粮非常充足。而共产党的军队，冬天的时候还穿着单衣，穿着草鞋，吃饭更是成问题，能填饱肚子就不错了。

无论从部队的人员素质，还是武器装备，还是后勤保障，两支军队完全不在一个档次上。

但是到最后，结果大家都清楚。为什么会这样？被打败之后，国民党的一些军官当了俘虏还不服气，说你们共产党那个土包子，打的什么仗？那叫什么战术，打的什么名堂？根本就不入流，说不出什么道道来。共产党的干部问他，那你怎么会被俘虏？最后，国民党的军官不得不承认，是你们的精神面貌比我们强；你们一个个打起仗来不怕死，前面的人死了，后面的人又冲上来了；各支部队相互配合，全力支援，齐心协力，而我们各支部队都打小算盘，见死不救，最后被各个击破，才被你们打败了。那我们问了，为什么共产党的军队不怕死？归根到底是什么原因？不怕死就是文化，就是信仰。因为共产党的军队有自己的文化，有自己的信仰。什么信仰？我们要为自己打仗，要打天下，自己做主人，要为死去的兄弟姐妹报仇，要夺回自己的土地。无非就是这种信仰。因为有了这样的信仰，就形成了文化，叫作军队文化，或者叫我们共产党的文化。有了这种文化，军人一个个拼命，就不怕死了。文化的力量有多大！

再比如，国外也好，国内也好，都有很多人做义工，做志愿者，不要一分钱报酬，可还在拼着命做。为什么呢？这就是信仰、文化。

我认为，在一个企业里，如果有共同的信仰，有很好的文化，力量真的是无穷大。“二人齐心，其利断金”，它超过那些物质上、金钱上所给予的刺激。不同的文化会形成不同的力量，不同的结果。

文化决定智慧，智慧决定盈利

大家可能听过一件真实的事情，有一位中国妇女，确切地讲她是一位生活在中国的犹太人和中国人的后裔。她爸爸是犹太人，在第二次世界大战的时候逃到中国，在上海找了一个中国妻子，生下了她。最初，她家的经济条件不好，后来父亲去世，就更艰难了。长大之后，她也结婚生子，共有三个孩子，老大 14 岁、老二 12 岁、老三 10 岁，最小的是一个女孩。不幸的是，她老公和她离婚了。1992 年中以建交，以色列是犹太人国家，当时有一项政策，像她这种有犹太血统的人全家可以无条件移民到以色列去。这样，她就去了以色列。

刚开始的日子非常艰难，怎么解决吃饭问题？这个上海妇女每天靠炸春卷维持全家的生活。因为她是在中国长大的，对中国文化非常了解，知道中国人应该怎么做母亲。每天早上她把三个孩子送去上学，在路边摆摊炸春卷。到了傍晚，三个孩子放学回来，她就不卖春卷了，自己裹馄饨给三个孩子吃，就是我们南方人喜欢吃的那种小馄饨。就这样过日子，她认为这很正常。

谁知道这么做了一段时间，邻居的那些犹太女人看不下去了，一个个风言风语，很多话都出来了。有一天，她正在叫她的三个孩子吃馄饨，邻居老大妈跑过来指责她："不要把落后的中国式教育带到我们犹太人这里来。不要以为中国人这样教育小孩，跑到我们以色列来，也可以这样教育。不行的，你这样搞肯定是不行的，太落后了。"她骂完当妈的，接下来骂孩子，尤其是骂那个老大，老大已经14岁了。她说："看看你这个样子，已经14岁了。你妈妈这么辛苦，要做生意，还要照顾你们。你为什么不帮你妈妈一点忙？这么大孩子了，一点用都没有，你好意思？"她骂得很难听，骂完走了。

她走了以后，全家在一起，上海女人安慰三个孩子："不要紧，妈妈乐意为你们做一切事情。"中国的母亲都这样，她还说"你们不要在乎这点，我还会为你们这样做。你们喜欢吃馄饨，我就做馄饨给你们。"

老大说："老大妈说的可能有道理，我恐怕真的要帮你做一点事情了。"从第二天开始，三个孩子放学回来就帮妈妈炸春卷。老大学着做春卷皮，面在锅上一摊，熟了之后，再一张张从锅里起出来，笨手笨脚的，再将馅包进去，放到锅里炸。他们做着做着就熟练了，以后就约定俗成，老大做皮，老二放油，老三捞，一切都很正常。

可过了一段时间，老大妈又过来讲："你们这样做是不对的。我们犹太人家里，小孩子吃饭也好，穿衣服也好，消费什么东西也好，都是要付钱的。不可以等着爸爸妈妈把东西给你。做什么事情，吃饭、洗衣服都要付钱。”

听老大妈这么一讲，三个孩子都吃了一惊：哎呀，还要付钱。妈妈感觉也很突然，要付钱的话，怎么付呢?

因为要付钱，首先就要挣钱，可怎么挣钱?三个孩子想了想，做了个决定，我们做个尝试吧。三个小孩商量，明天我们每人带20个春卷到学校，卖给同学，争取有收入。他们从妈妈那里拿春卷是批发价，比如一块钱一个，到学校卖三块钱，这样一个春卷就可以挣两块。挣了钱就可以拿回来，给妈妈支付吃饭的钱，或者洗衣服的钱。

就这样，三个孩子带20个春卷到学校去卖。老三是个小姑娘，她到学校去，用一种非常传统的方式——零售，三块钱一个卖掉了，回家把钱如数交给妈妈。

老大和老二不太一样了：老二把这20个春卷卖给食堂，两块钱一个，批发价，20个全卖给食堂。另外食堂跟他约定：你每天带100个来，全部是两块钱的价格。老二没有直接单个卖，而是批发给食堂，还签了长期合同。

老大更厉害，因为他14岁了，脑筋更灵活。他利用课余时间在学校搞了一个“带你走进中国”讲座。他在上海生活了十几年，将他的所见所闻搞成一个讲座，说进去要买票的，五毛钱一张票。他跟同学讲上海的风情，同时免费品尝春卷。他把一个春卷剁成几份，同学只要进去就可以免费品尝。这是中国的春卷。这样五毛钱一个人，卖票的收入很高，远远超过他卖春卷的钱，春卷就不卖钱了。这是他们挣的第一笔钱。

接下来一发不可收拾。老大脑筋活，他就经常让上海的一些同学（因为他十几岁了，还跟同学有联系）从上海邮寄一些中国的小礼品到以色列去。他把这些小礼品拿到以色列同学中卖，卖的都是高价钱。老二文章写得好，他在当地的报纸上开了一个小专栏，专讲中国的风土人情。这个专栏稿费很高，因为当地人的生活水平高，那么一点稿费对他们全家来讲已经是不得了的数字了。而老三做不了这些生意，她就在家里煮红茶，煮给她的妈妈喝，煮给她的两个哥哥喝。但不是免费的，喝茶要付钱。就这样，经过一年的努力，三个孩子基本上都能养活自己了。

有一天，老大突然跟妈妈讲，我最近学到了一项移民法，像我们这样移民到以色列来的，应该得到一笔安家费，好像是6000元。妈妈说，有这么一回事吗？我们去咨询一下。结果不费吹灰之力，他们领到了6000元的安家费。这对于他们来说是一笔巨大的财富。老大又提出来：“按照规矩，我们家能拿到这6000元，我起了很重要的作用。我要拿10%的咨询费，要把600元钱给我。”妈妈一听：“对，我们要按规矩来，不能贪你的小便宜。把600元钱给你。”拿到钱后，老大请全家好好吃了一顿，说：“我要把生意做大，还要从上海邮寄一些好东西过来。”

从此，他们家的日子过得蒸蒸日上。上海女人先是开了一家小饭店，生意越做越大，后来开了一家中国餐馆。当时的以色列总理接见了她，她的名声更大了，生意也更大了。再接下来，以色列的钻石公司请她做驻中国的首席代表，又把她派到中国来，做了中国区域的销售总代表了。

就这样，经过多年的奋斗，上海女人又带着三个孩子回到上海读书了。这时候，老大上高一了，两个小孩子也已经上初中了。

可是时间不长，学校老师找到上海女人，说："你管管你们家孩子，怎么可以把以色列的东西带到学校来卖钱？他甚至把以色列的炮子儿拿过来卖钱。一个多少钱，没有钱不卖。小孩子也是，怎么可以这样？好好读书，搞这些玩意儿干吗？"上海女人说："对不起，我无能为力。他们现在上学的钱、生活费都是靠他们自己挣的，我不负担他们，他们不自己挣钱怎么办？"老师愣在那里，怎么也不理解。你的月薪是5000美元（这是好多年前的事了），居然不负担你的三个孩子上学，你这是什么母亲？老师不理解。

有什么样的文化就有什么样的结果。这个女人有一次在公开场合讲，她到以色列以后，思想确实发生了很大的变化。中国的文化跟以色列的文化完全不一样。以色列的文化是什么？我可以什么都没有，但是一定要学会用智慧挣钱。以色列的孩子出生的时候，家里人用什么来迎接呢？用金币敲出来的"铛铛铛"的声音，让孩子一出世就听到财富的声音。以色列的母亲毫不惭愧地告诉孩子，我要做一个富豪的妈妈，你要做富豪。而我们中国人呢？叶公好龙。中国文化确实有叶公好龙的成分，既希望孩子将来成为富翁，又怕孩子从小沾染铜臭味，不学好；既希望孩子将来家庭幸福，又生怕孩子早恋。这不是典型的叶公好龙吗？她说我们犹太人就不一样，目标很明确，我们就是要这样做，就是这样的文化。

当然，我们扯那么远，说到底是讲在什么样的环境、什么样的土壤，就会有什么样的结果。我们无法改变社会的大环境，无法改变市场经济的一些游戏规则，但是在我们企业的内部，不管你是300人的企业还是3000人的企业，要形成很好的习惯，要形成很好的企业文化。这就是我们做事情的特点，做事情的方式。到底是用敲金币的声音来迎接小孩出生，还是叶公好龙式地教育小孩，我们应该有清醒的认识。

日本人为什么是工作狂？

企业文化是要建设的，是要提炼出来的。日本的企业为什么这么厉害？日本的企业我见得比较多，关于日本企业的书籍，我看得也比较多。日本人为什么是工作狂？研究来研究去，我发现，这和日本人的性格有关系，和日本的企业文化有关系。中国的企业表现不出这样的状态。日本企业里有很多人过劳死。什么叫过劳死？就是工作强度过大，身心过度疲惫，引发突发性病变，发生猝死。

在日本的企业里，有很多情况真的和我国企业不一样。比如对企业的忠诚，他们不崇尚跳槽，而是崇尚从一而终。一个在日本企业工作的日本人，他会认为跳槽是不要脸的行为。如果被企业辞退了，他会认为是可耻的，会活不下去的。他会有这种想法。所以在日本没有什么人才市场，日本人崇尚这种理念。

而且日本人做事情，比如说下班，规定是五点钟下班，下班的时间到了，事情也做完了，日本人不会想应该下班。到五点钟该下班了，但是一看还有其他人在做事情，他就不能下班，他先下班会被人家耻笑的。

在企业里，其他人没下班，你怎么可以先跑掉呢？不行，你要留下来跟着其他人一起工作。如果你留下来，不能帮他的忙，陪他一起坐一坐也好。直到大家一起把事情做好了，再一起离开。日本人有这种想法。

再比如生病了，请假很正常。但是日本人会有一种想法，我请假了，我的工作很可能给其他人去做，而其他人本来是有工作的，给人家添了麻烦。算了，我还是不给人家添麻烦，自己能做就做吧。日本人只要自己能坚持，就不请假。

或者，企业现在不景气，工资发不出来了。工资发不出来，我们大家咬咬牙，坚持工作！等到有一天公司效益好了，再给大家发工资也不迟。这不是单独一家企业的情况，很多日本企业都有这样的情况，表现出的就是这种状态。当然，员工有这样的工作状态，除了企业氛围、从业观念，还与企业制度有关系。现在日本的企业，虽然有的已经在改变了，但比较普遍的仍然是终生雇佣制。也就是说你到企业来，只要不犯天大的错误，企业是不会随便解雇你的。进了我的门就是我的人，日本企业会有这种想法，一般不解雇人。

日本企业还有年功序列工资，年功序列也是日本企业的法宝。什么叫年功序列？用中国话讲叫作论资排辈。你在这个企业干，好好熬吧，熬到头肯定有你的，你不用担心。日本企业还有内部工会。这些都是企业内部制度的问题，表现出的状态就是员工工作很拼命。我想和日本人的性格，和它的企业文化都有关系。

联想企业文化

在这里介绍两家中国企业的企业文化。

首先，大家一定要明白，企业文化不是我们讲的标语口号。这完全是两回事。标语口号是文化的一种外在表现方式，什么精益求精，以质量为生命，什么市场第一，诸如此类都是标语口号，未必是核心的东西，有时甚至未必是起初的东西。所以，绝不是只要标语写得大，口号提得好，企业文化就做得好。

我们把联想的一些理念拿出来讲一讲。联想的核心理念是：“把员工的个人追求融入企业的长远发展之中”。我这里所讲的企业文化，这一大套理念，也是柳传志当年做的东西。至于说现在联想董事长是不是提出了一些新的东西，我还没有更多的关注。

柳传志还提出过一些理念，比如：“办企业就是办人。”“小公司做事情，大公司做人。”

用人观：给你一个没有天花板的舞台，不唯学历，重能力，不唯资历，重业绩。

大局观：从联想的根本利益出发。

考虑问题的三个“心”：责任心、上进心、事业心。这三个“心”是分门别类的：基层员工要有责任心。因为你是基层员工，我指望你跟我的企业共患难，不太现实。但是你要有责任心，该你做的事情要做好。中层干部要有上进心。因为你是中层干部了，就不仅仅是责任心的问题，你要有上进心，要想学到更多的知识和本领，要随着企业的发展共同发展。而高层领导，副总监、总监、事业部的总经理们要有事业心。你是高层领导了，就应该把联想的事业当作自己的事业。所以三个“心”是分别要求三个层面上的人的。

其次，企业的精神是“求实、进取、创新”。做事情的原则是“撒上一层土夯实了，再撒上一层土再夯实了，撒腿就跑”。联想做事情很务实，没有把握的事情不去做。

尽管我们回过头来想一想，做了三十几年了，联想走到现在也有一些失误，在某些方面投资是失败的，但是总体来说还是成功的。这和联想做事情的原则是有关联的。“撒上一层土夯实了，再撒上一层土再夯实了，撒腿就跑”。就是说，它做事十分谨慎。

另外，联想做业务的原则是：没钱赚的事情不干；有钱赚但投不起钱的事情不干；有钱赚也投得起钱，但是没有可靠的人去做的事情也不干。联想的务实保证了它的成功。

第三，联想做事情的风格是“认真、严格、主动、高效”。

什么叫“认真”？精益求精，刨根问底。“严格”，严管理，严处罚；严格律人，严格律己；严于工作流程，严格奖惩。“主动”，有任务主动承担责任，主动发现问题，主动完善、提高。“高效”，明确工作计划，明确文件答复时间，为明天留出空余，零等待的工作风格。

第四，联想做人的风格是“平等、信任、欣赏、清醒”。尊重他人，尊重他人的人格，尊重他人的工作，尊重其他部门。员工没有高低贵贱之分，只有职责和分工不同。“五多三少”：多考虑别人的感受，少一点不分场合的训人；多把别人往好处想，少抓着别人的缺点不放；多给别人一些表扬，少在别人背后说风凉话；多问问别人有什么困难；多一些灿烂的微笑。

第五，联想的职业道德是“诚信为本”。三个取信，“取信于用户，取信于员工，取信于合作伙伴”。道德观是“光明正大干事，清清白白做人；勤勤恳恳劳动，理直气壮挣钱”。这些信条提得还是不错的，很有意思。

联想的天条是“不利用工作之便谋取私利，不收受红包，不从事第二职业，工薪保密”。什么叫天条?就是不可以犯的原则性的错误。在这一点上，柳传志确实是说到做到。

本书的主题是“如何带出一支好队伍”，而我认为在中国的企业里，柳传志应该算是把队伍带得非常棒的。他提出的理念真的很好。

其实我们想一想，从20世纪80年代开始，中国市场经济大潮中的风云人物多得不得了，但是有多少像柳传志现在还完好无损，屹立在那儿的?数来数去恐怕不多了。被抓的，死的，听不到声音的，曾经大红大紫，但现在领社会救济金的大有人在。大家仔细琢磨琢磨。但是柳传志还是很不错的，而且他的企业做到现在很稳，队伍真的管理得很好。

柳传志在企业里创造了一些风气，比如有话放到桌面上讲，不允许在背后瞎讲，不允许背后开小会。

举个例子，他曾定下一个规矩：我们大家开会，如果谁迟到了，到前面来罚站三分钟。规矩定了以后，他自己也迟到了。他自己迟到了怎么办?柳传志照样跑到上面来站。感受是什么呢?往那儿一站，所有人的眼光看着自己，自己也看着大家。一句话都不讲，就像开追悼会一样。

他自己讲过“不利用工作之便谋私利，不能收红包”。事实上，因为收受贿赂，他送了不止一个人到监狱里去。毫不手软，该送就送，但是一点没有影响到他的企业。

前面我曾讲到孙宏斌事件，这个过程不像说的那么简单，里面复杂的事件很多。当时正要处理孙宏斌，还没有处理，已经在各级审查的时候，柳传志竟被一个年轻人盯梢了。柳传志跑到哪儿，他就盯到哪儿。年轻人打恐吓电话，打到他家里面，跟他讲，小心你的脑袋。他还扬言，说一定要为孙宏斌报仇，好像即使丢掉自己的生命，也要把事情办成。

这可把柳传志惹火了。有一次在大街上，年轻人还在盯梢，柳传志回过头，来到他跟前说："你走到大街上，突然有一个人骑车撞了你，你们两个人打起来，你相不相信这件事情会发生？"年轻人一听，这件事情可能发生。"两个人打起来以后，他把你打得鼻青脸肿，你们一起进了派出所，你相不相信这件事情会发生？""相信。""进了派出所以后，那个人马上出来了，而你还在里面，你相不相信？""我相信。""很有可能你家里突然会去几个人，把你家全砸了，甚至对你家里人动粗，你相不相信？"他说："也可能。"这么说了一大套之后，柳传志走了。而年轻人从此销声匿迹，不敢再张扬。什么意思？年轻人是听明白了，柳传志的意思是：你不要跟我老柳玩儿这一套，我黑起来比你黑。

当然，我们不是要宣扬江湖上的这套东西。我们要说的是，联想做到现在，跟柳传志的一些工作方法、工作艺术，跟他的为人真的是很有关系的。

华为公司文化

崇尚“狼的文化”

我们介绍的另一家企业叫华为，大家应该都比较熟悉，这也是中国大陆赫赫有名的企业，尽管它比较低调。

许多企业非常张扬，认为可以加深人们对企业形象的认同。但华为非常低调，低调到什么程度？假如想找华为老板任正非的详细信息，一般来说不太容易找到。为什么？因为他太低调了。中央电视台、《人民日报》、新华社找他采访，他都极少接受。不像有些企业家，动不动就往中央电视台跑，动不动就在那儿说两句。但他挣的钱比海尔都多。我们党和国家领导人也到他公司去过。领导人出国访问，还点名要华为老板任正非作为企业家代表同行。

这家企业真的很厉害，不是一般的厉害。有一些内部人员出来以后，写过一些书，做过一些报告，华为才逐渐被人们认识，原来根本鲜为人知。

这家企业有它内在的一些东西，比如用人典型的“三高”。它曾经很疯狂地到重点大学招人，夸张一点的说法是，工科的硕士研究生成建制地要。这个工科研究生班有 30 个人，30 个人统统到我华为来；这个班有 40 个人，40 个人统统来；本科生只要是班上的前 10 名，也有资格过来。

深圳有这样一句话：“到华为去，千万不要谈自己的学历，不要谈自己的文凭。门口让你登记的那个小姑娘说不定是硕士研究生。扫厕所的老大妈还是本科。”

确实，企业本科以上的员工占将近90%，员工学历很高。它的“三高”不是指高血糖、高血压、高血脂。“三高”是指：“高学历”，硕士、博士多，学历很高。“高工资”，有一种说法，华为的工资很高，但是现在好像工资已经不算很高了，反正各种说法都有。“高压力”，压力很大，不要以为那个钱好拿。华为内部还有一个说法，叫“床垫文化”。每个人的办公桌下面都有一个垫子，是睡觉用的。也就是说你在华为上班，不要指望每天都能回家睡觉，到五点钟就能下班。没有这种说法。事情做完了就下班，事情没做完就在那儿做。

也就是说，这家企业崇尚一种“狼的文化”。这是任正非自己讲的。任正非非常有意思，对于我们很多研究者来说像个谜团。他真的不太好解读，已经七十多岁的人了，军人出身，在部队里就是学《毛选》的积极分子。他的理论水平非常高，文章写得非常漂亮。我们现在读到的《华为的冬天》《我的父亲母亲》都是他写的，确实写得不错。

在管理员工的时候，他提出“狼的文化”，即我们要做狼。如果国外的企业同行，如西门子、朗讯之类的，都被称为狮子、老虎，他的华为就是狼。狼有什么特点？任正非讲，第一点是嗅觉灵敏，市场在哪里，怎么拿市场，一闻全部搞定。第二点是不达目的誓不罢休。关于华为的种种趣事，种种笑谈，那真是不达目的誓不罢休。第三点是团队作战，狼都是群狼，不会看到一只孤狼，这就是团队作战。这是任正非对他的“狼的文化”的一种解释。

“烧不死的鸟就是凤凰”

那么这支队伍究竟是怎么管理的？虽然也存在很多争议，有很多说法，但可以说他的队伍管理也很成功。最起码有一点，华为的人跳槽出来，猎头公司都是紧紧盯上的。猎头公司找人，只要听说你是华为出来的，一般来说你的价钱都能卖得高。就凭这一点，可以认为他的队伍管理是比较成功的。

他究竟怎么管理他的员工？任正非文笔非常好，口才也很好。我在这里摘录一段给大家看。这是他写的一封信，题目叫《给新员工的一封信》。意思是，我是老板，你们新员工都是大学生，有的甚至是硕士、博士。你们到华为来了，那么我作为老板，写一封信给大家。我对你们有什么想法，有什么要求，有什么期望，我在信里都说了，你自己看看吧。

我们前面讲到企业文化是老板创造出来的，老板的思想就是企业文化的重要组成部分，这封信实际上就是企业文化的重要组成部分。我们通过老板写的这封信，就能看出在这个企业里，最高层管理者希望员工成为怎样的人，希望员工形成怎么样的行为习惯，希望员工按照什么准则做事情。这就能看出来最基本的企业文化。

我们一起来欣赏一下，我摘录了一部分：

“您有幸加入华为公司，我们也有幸获得了与您合作的机会。我们将在互相尊重、互相理解和共同信任的基础上，与您一起度过在公司工作的岁月。这种尊重、理解和信任是愉快地进行共同奋斗的桥梁与纽带。”

“华为公司是一个以现实为起点，着眼于大市场、大系统、大机构的公司。它有着自己的历史使命，它不但需要高层次、高素质的人才，还必须有一个能被大家认同的价值体系。这就是说要建立共同拥有的企业文化。企业文化黏合着全体员工，要求我们团结合作，走群体奋斗的道路。有了这个平台，您的聪明才智得以很好地发挥，并有所成就。没有责任心，不善于合作，不能群体奋斗的人等于丧失了在公司进步的机会。华为公司就是一个求助网，希望您既有效地求助于他人，又无私地给予他人支援。这样您就能充分地利用公司资源，就能借助别人提供的基础，吸取别人的经验，很快进入角色，很快进步。求助没有什么不光彩的，做不好事才不光彩。求助是参与群体奋斗的最好方式。如果封闭自己，想单打独斗，搞出点名堂来，是万万不可能的。就算您搞出来，也需要较长的时间。也许到那时您的工作成果已经没有什么意义了。”

“实践是您水平提高的基础，它充分地检验了您的不足，只有暴露出来，您才会有所进步。实践再实践，尤其对青年员工十分重要。只有实践后，善于用理论去归纳总结，才会有飞跃的提高。要摆正自己的位置，不怕做小角色，才有可能做大角色。我们崇尚雷锋、焦裕禄精神，并在公司的价值评价及价值分配体系中体现。绝不让雷锋们、焦裕禄们吃亏，奉献者定当得到合理的回报。我们呼唤英雄，不让雷锋吃亏。雷锋和英雄都不是超纯的人，也没有固定的标准，其标准是随时代变化而变化的。在公司一丝不苟地做好本职工作，就是奉献，就是英雄行为，就是雷锋精神。实践造就了公司，也造就了一代公司的人才。公司对您个人的评价及应得到的回报，主要取决于您实干中体现出的贡献。在公司，您给公司添上一块砖，公司将给您提供走向成功的阶梯。希望您接受命运的挑战，不屈不挠地前进。您也许会碰得头破血流，但不经磨难，何以成才？”

“公司要求每一个员工热爱自己的祖国，任何时候，任何地点都不要做对不起祖国、对不起民族的事情。要遵守法规，遵守社会公德，要严格遵守公司的各项制度和管理规范。对不合理的制度，只有修改以后才可以不遵守。任何人不得超越法律制度，不贪污、不盗窃、不腐化。严于律己，帮助别人。您有时会感到公司没有您想象中的公平，真正绝对的公平是没有的，不能对这方面期望太高。但在努力者面前，智慧总是均等的。只要不懈地努力，公司是能了解到的。要承受起做好事反而受到的委屈。‘烧不死的鸟就是凤凰’，这是公司对待委屈和挫折的态度，以及挑选干部的准则。没有一定的承受能力，今后如何做栋梁？其实一个人的命运就掌握在自己手上。生活的评价是会有误差的，但绝不至于黑白颠倒，差之千里。要相信，在公司，是太阳总会升起，哪怕暂时还在地平线以下。”

“世上有许多欲速则不达的案例，希望您丢掉速成的幻想，学习日本人踏踏实实、德国人一丝不苟的敬业精神。您想提高效益和待遇，只有把精力集中在一个有限的工作面上，不然很难熟能生巧。浮躁是您的人敌，做任何一件事，对您都是一个学习和提高的机会，都不是多余的付出。努力钻进去，兴趣自然在。我们要造就一批业精于勤，行成于思，有真正动手能力和管理能力的干部。机遇偏爱踏踏实实的工作者。遵循循序渐进的原则，您要十分认真地对待手中的任何一件工作，十分认真地做，走好职业生涯的每一个台阶。您要尊重您的直接领导，尽管您也有能力，甚至更强，否则将来您的部下也不会尊重您。要有系统、有分析地提出您的建议，您是一个有文化的人，草率的建议对您不负责任，也浪费了别人的时间。特别是年轻人，不要哇啦哇啦，动不动抱怨，要深入透彻地分析，找出每一个环节的问题，找到解决问题的办法。踏踏实实的一点一点地去做，不要哗众取宠。”

“为帮助员工不断超越自我，公司提供了各种培训机会。培训很重要，它是贯彻公司战略意图、推动管理进步和培训干部的重要手段，是公司通向未来、通向明天的重要阶梯。您要充分利用这个大平台，努力学习先进的管理技能、科学的思维方法和工作方法。培训也是您走向成功的阶梯。公司文化的特征就是服务文化，谁为谁服务的问题一定要解决。服务的含义是很广的，总体是为客户服务。但具体来讲，公司里的伙伴也是客户，也是您的上帝。您必须认真对待每一道环节和每一个用户。任何时间，任何地点，对于公司都意味着高品质。希望您时刻牢记。”

“业余时间可安排一些休闲，但还是要有计划地读些书。不要搞不正当的娱乐活动。为了您成为一个高尚的人，望您自律。要关心时事，关心国家与民族的前途命运。”

“我们不要卷入任何政治漩涡，不赞成您去指点江山。我们以产业报国的方式去关心、去爱自己的国家。国家综合国力的增强需要无数大企业组成的产业群的支撑。为民族经济的腾飞做出一份贡献，这是华为公司的光荣与梦想。公司在飞速发展，迫切需要专才和干部，希望您加速磨炼，茁壮成长。我们将一起去托起明天的太阳！”

我们这章讲的是企业文化，从我们摘录的信中可以看出，任正非在这个问题上做得非常好。他勇于和善于向他的员工表达自己的想法：我希望我们公司有怎样的文化，希望大家按这种方式去做事情，希望大家有正确的价值观，希望大家有正确的思想。我们不敢保证所有的人都按照任正非讲的东西一丝不苟地去做。但是从管理的角度讲，任何一个管理者都应该通过某个渠道，用某种方式把你的思想传递到你的下属心里。

或者是你提出某个理念、某个标准、某个想法，让大家照着这个样子去做。

企业文化要建设，当务之急就是把好的作风、好的传统归纳、总结、提炼、提升，让大家都来学习，都认识到它的重要性，让大家心照不宣地去做，这才是企业文化。

过去我曾听到一些企业老板说风凉话，说企业要挣钱，要利润，搞什么文化，文化能挣钱？文化能挣钱吗？企业做大了，就靠文化挣钱。假如企业现在还很小，当然没有必要想那么多，先挣钱要紧。首先解决温饱问题，温饱问题还没解决，谈什么文化？但是等企业做大了，必须要谈文化。如果没有正确的企业文化，即使给出再高的薪水，也无法保证员工对企业的忠诚，无法保证他们能始终保持较高的工作效率。

图书在版编目（CIP）数据

中层经理怎样当？．执掌团队篇／薛灿宏著．--北京：经济日报出版社，2021.6

ISBN 978－7－5196－0850－7

Ⅰ．①中…　Ⅱ．①薛…　Ⅲ．①企业领导学　Ⅳ．①F272.91

中国版本图书馆CIP数据核字（2021）第106104号

中层经理怎样当？执掌团队篇

作　　者	薛灿宏
责任编辑	宋潇旸
助理编辑	陈礼滟
责任校对	梁沂滨
出版发行	经济日报出版社
地　　址	北京市西城区白纸坊东街2号A座综合楼710（邮政编码：100054）
电　　话	010－63567684（总编室）
	010－63584556（财经编辑部）
	010－63567687（企业与企业家史编辑部）
	010－63567683（经济与管理学术编辑部）
	010－63538621　63567692（发行部）
网　　址	www.edpbook.com.cn
E－mail	edpbook@126.com
经　　销	全国新华书店
印　　刷	北京文昌阁彩色印刷有限责任公司
开　　本	710×1000毫米　1/16
印　　张	11.75
字　　数	115千字
版　　次	2021年9月第1版
印　　次	2021年9月第1次印刷
书　　号	ISBN 978－7－5196－0850－7
定　　价	49.00元